고양이 별에서
만난다면
나의 집사가 되어주겠니

고양이 별에서 만난다면 나의 집사가 되어주겠니

초판 1쇄 발행 2026년 1월 1일

지은이 강설하
펴낸이 장현수
펴낸곳 메이킹북스
출판등록 제 2019-000010호

디자인 홍규선
편집 최미영, 홍규선
교정 안지은
마케팅 이지현

주소 서울특별시 구로구 경인로 661, 핀포인트타워 912-914호
전화 02-2135-5086
팩스 02-2135-5087
이메일 making_books@naver.com
홈페이지 www.makingbooks.co.kr

ISBN 979-11-6791-817-8(03810)
값 17,000원

고양이 별에서 만난다면 나의 집사가 되어주겠니

강설하 지음

지구 한편, 공원 고양이들의 생생 묘생 스토리

동물보호 에세이 '공원 고양이들'

메이킹북스

- 세상의 모든 고양이(길고양이, 공원 고양이, 동네 고양이, 들고양이)에게 이 책을 바칩니다.

- 인세의 일부는 동물보호단체에 기부됩니다.

-동물보호와 개인정보 보호를 위하여 등장하는 모든 단체명과 지명, 이름은 가명으로 기재하였음을 밝힙니다.

고양이 별에서 만난다면
나의 집사가 되어주겠니

[프롤로그]

세상엔 두 종류의 고양이가 있습니다

인연은 우연하게 찾아왔습니다. 아이 둘을 키우며 직장생활을 하던, 어떠한 생각을 할 여유도 시간도 없던 나에게 어느 날 길고양이 두 마리가 왔습니다. 지인 창고에서 태어난 아기 고양이 두 마리였죠. 고양이에 대해 아무것도 몰랐지만, 점점 고양이 박사가 되어갔습니다.

고양이를 만난 후, 사각지대에 카메라가 생긴 것처럼 전에 보이지 않던 것들이 보였습니다. 지나가는 길고양이들, 쓰레기통을 뒤지는 까치, 나무 위에서 지저귀는 직박구리, 회색 빌딩 가려진 틈으로 파란 하늘이 스치고, 스모그에 흐려진 블러드문이 얼굴을 내밀었습니다.

그리고 우리 집 고양이들과 똑같은 고양이들이 길에 있었습니다. 길에 있는 고양이는 어린 시절, 내 모습을 떠올리게 했습니다. 항상 배가 고팠던, 모든 것이 부족했던, 세상이 너무나 무서웠던….

세상엔 두 종류의 고양이가 있습니다.

길에 있는 고양이와 집에 사는 고양이, 유전자와 모든 것이 똑같지만 삶은 완전히 다릅니다.

고양이의 세계는 인간 사회를 돌아보게 합니다.

이 에세이는 고양이에 대한, 그리고 동시에 우리들에 관한 이야기입니다.

이 험난한 세상을 헤쳐 나가는 도시 한편의 작은, 공원 고양이들의 리얼하고도 다이나믹한 세계에 빠져보시죠!

공원 고양이 위치도

대리점 - 팬서
시청 - 루나, 루키, 쁘니
기초수급자 할아버지 집 - 애니
공원1 급식 터 - 엄지, 까치, 또치
공원2 급식 터 - 강치, 테리
공원3 급식 터 - 예치, 리리

작품에 등장하는 고양이들

시청 옆에 공원이 있는 곳이며
여기 사는 고양이들의 삶을 담았습니다.

시청 고양이들

루나(남/3살)

루키(남/4살)

쁘니(남/10개월)

공원 고양이들

엄지(여/3살)

강치(남/1살)

아치(여/1살)

또치(남/1살)

까치 (여/1살)

리리(남/1살)

테리(남/1살)

예치(남/1살)

공원 인근 지역 고양이들

팬서(남/5살 추정)

애니와 애기들(여/2살 추정)

우리 집 고양이들

루이(남/11살)

라온(남/11살)

지인 직장 창고에서 입양 (루이, 라온 쌍둥이)

새온(여/11살)

횡단보도에서
구조 입양

아리(여/3살)

자동차
보닛에서 입양

다온(남/3살)

파양 당한 뒤 입양

루나(남/3살)

시청 앞에서 입양

로미(남/3살)

아파트
주차장에서 구조

contents

[프롤로그] 세상엔 두 종류의 고양이가 있습니다 6

[첫 번째 이야기] 브라운 팬서의 집은 어디인가 14

-브라운 팬서의 집은 어디인가?

-그동안 고마웠어요! 츄츄 팬님 여러분 파이팅!

[두 번째 이야기] 천사강림 28

- 경계할 수 있도록, 도망갈 수 있도록

- 천사 강림

- 이룰 수 없는 버킷리스트

[세 번째 이야기] 인간 없는 고양이 별로 가렴 44

- 개냥이 테리

- 테리 다시 돌아오다

- 인간 없는 고양이 별로 가렴

[네 번째 이야기] 오드아이 아기 고양이는 왜 길을 헤맨 걸까? 58

- 에너자이저 고양이

- 고로미? 강로미!

- 복막염이면 좋겠어

- 진료 결과를 알려드립니다

[다섯 번째 이야기] 파양 당한 고양이, 다섯 마리의 친구 고양이들을 만나다 80

- 강치 아저씨, 고마워요!

- 강치는 다시 어디로

- 미지의 길

- 강치에서 다온으로

[여섯 번째 이야기] 시청 앞 고양이는 어떻게 여행 고양이가 되었나 103

- 개냥이, 시청 앞으로 이사오다
- 여기 매일 오고 있는 거지?
- 나를 기다린 거니?
- 최강 고양이 루나
- 낭만 여행 고양이
- 2년 반 만에 드디어 합사

[일곱 번째 이야기] 나는 문어, 무너지지 않아 135

- 역대급 민원
- 강남 고양이
- 애니, 더는 아기들을 낳지 말아 줘!

[여덟 번째 이야기] 공원에서 발견된 다리 부러진 아기 치즈 고양이는 어디로 갔을까? 149

- 그동안 힘든 걸 몰랐었다면 너무 낙천적이었을까?
- 설날에는 언니 집에 간다

[아홉 번째 이야기] 후지마비 고양이가 잘 살고 있다고? 161

- 예쁜 치즈 고양이
- 로또 맞은 150마리 고양이

[열 번째 이야기] 우리에게 희망이 있는 것일까 174

- 쁘니의 묘생이 행복했으면 좋겠습니다!
- 오직 1퍼센트의 희망일지라도

[에필로그] 고양이 별에서 만난다면 나의 집사가 되어주겠니 190

[부록] 192

[첫 번째 이야기]

브라운 팬서의 집은 어디인가

브라운 팬서의 집은 어디인가?

〔일 년 내내, 하루 종일 대리점 앞에 앉아 있어요〕

〔아니, 왜죠? 누구를 기다리는 걸까요?〕

나의 말에 하영님이 물었다. 나도 몰랐다. 왜 거기, 같은 자리에 종일 앉아 있는 건지, 더구나 강아지도 아니고 고양이가 말이다.

"어, 잘생긴 태비(줄무늬) 고양이네?"

나는 걸음을 멈췄다. 진한 갈색과 검은색이 섞인 고등어 태비 고양이가 가전 대리점 상가 앞에 앉아 있다. 길고양이라고 하기엔 무척 컸다. 거의 칠 킬로그램이 넘어 보였다. 사료를 주었더니 조금 먹고 그루밍(털 고르기)을 한다. 전혀 사람을 피하는 눈치가 아니다. 오히려 다가왔다.

1월부터 시작된 파견 업무로 나는 일주일에 한 번씩 인근 지역 종합 지원센터로 출장을 가야 했다. 그곳은 사무실에서 도보로 40분 정도 거리였다. 한 번에 가는 버스가 있었지만, 운동 삼아 걸어서 갔다. 버스를 탔었다면 못 만났을 것이다. 사무실에서 나와 20분을 걸어 오전 11시쯤 지나갔을 때 있던 고등어 태비가, 업무를 마치고 오후 5시가 넘어 다시 돌아올 때도 그 자리에 그대로 앉아 있다.

그날 이후, 나는 매주 출장 갈 때뿐만 아니라 점심시간마다 매일 고등어 태비에게 갔다. 근처에 밥그릇이 없어서 옆 건물 주차장 한구석에 사료 그릇과 물그릇도 놓아주었다. 그때쯤 마블 영화인 '블랙 팬서'를 좋아하고 있었기에, 이 고양이의 이름을 '브라운 팬서'*라고 이름 지었다. 블랙 팬서는 검은 표범이라는 뜻으로 어벤저스의 새로운 히어로다. 멋진 갈색 태비무늬가 나에게 표범을 연상시켰다. 아드리아해의 에메랄드 빛 바다였던 내 폰 배경 화면을 팬서로 바꿨다. 팬서는 당당한 느낌이, 어딘지 대장냥이 같은 분위기가 났다.

언제부턴가 팬서는 내가 오면 알아보고 따라왔다. 그리고 양양거렸다. 밥을 달라는 건 줄 알고 주었지만 잘 먹지는 않았다.

팬서는 그냥 사람이 좋은 걸까? 무슨 말을 하는 건지는 몰라도 나의 말에 항상 대답했다. 그래서 팬서를 보면 기분이 좋았다. 무언가 함께 대화하는 느낌이랄까? 팬서는 몸집이 큰데도 양양을 잘해서 귀여운, 반전 매력이 있다.

---

* 이후 팬서로 표기

아무리 생각해도 팬서는 길냥이 같지 않았다. 상가 앞에 항상 앉아 있는 것도 그랬지만 누군가 챙기는 사람이 있어 보였다. 가끔 팬서의 앞에는 고양이 간식이나 참치캔 같은 것이 놓여 있었다. 하지만 거의 입도 대지 않은 채였다. 그래서 나는 팬서가 집이 있는 외출 냥이거나 아니면 근처 어떤 식당 같은 곳에서 밥을 챙겨주는 고양이가 아닐까 생각했다. 밥을 잘 안 먹는다는 것은 이미 먹었다는 것일 테고, 개냥이라는 건, 어릴 때부터 누군가의 살뜰한 보살핌을 받아와서 사람을 따르게 된 것일 테니까.

그럼에도 나는 혹시나 하는 마음에 사료가 떨어지지 않도록 항상 채워놓았다. 다음 날 가보면 사료 그릇은 매번 빈 그릇이긴 했다. 팬서가 먹는 건지 아니면 밥을 먹으러 오는 다른 고양이가 있는 건지 알 수 없었다.

〔팬서 너무 불쌍해요〕

하영님이 또다시 팬서의 사진에 답했다. 다른 사람들, 지은님, 선영님, 재선님은 팬서의 사진을 고양이 돌봄 단톡방**에 올려도 별 반응이 없었다. 4명 중 오직 하영님만이 팬서에게 관심을 보였다. 상가 앞에 종일 앉아 있는 것이 너무 처량해 보였나 보았다. 마치 걸인이 매일 같은 자리에 앉아 있는 것처럼 느껴진다고 했다.

시간이 지나가도, 거의 1년이 다 되어가도록 변함없이 팬서는

** 그동안 혼자 공원 고양이들을 돌보던 나는 일 년쯤 되어서야 근처 사람들과 만나게 되어 고양이 돌봄 단톡방을 만들게 되었고 공원 고양이 중성화(불임수술)도 할 수 있었다.

매일 가전 대리점 앞의 대리석 바닥에 앉아 있었다. 바로 옆 건물이 중, 고등학교 학원 건물이라 학생들이 많이 지나다녔다. 내가 밥그릇을 놓아둔 곳도 그 학원 주차장이었다.

하영님은 나 이외엔 돌보는 사람이 없을 것 같다고, 거기 계속 앉아 있는 것이 너무 마음이 불편하다고 했다.

하긴 좀 이상하긴 하지? 1년이나 같은 자리에서 하루 종일 있다니, 그것도 차와 사람이 아주 많이 지나다니는 6차선 도로의 상가 앞에 말이다.

밤늦게 돌아오는 주인을 기다리는 걸까? 이렇게도 개냥이라면 그럴 수 있을 것 같다.

뱅갈 외출냥 봄이는 사과마켓에 1주일이 멀다하고 사진이 올라온다. 사람들이 잃어버린 고양이냐고 물어본다. 그러면 사람들은 댓글을 단다. 〔**외출냥이에요**〕, 〔**얘, 유명한 아이예요**〕, 〔**집 잘 찾아가요**〕, 〔**걱정 안 하셔도 돼요**〕 이런 댓글들이 주를 이룬다.

혹시 팬서도 외출냥일까? 나는 사과마켓에 팬서를 올려 보았다. 만약 이 고양이를 아는 사람이 있다면 댓글을 달 것이다. 〔**외출냥이에요**〕라는 말까지는 아니어도, 적어도 〔**누군가 챙겨주는 고양이예요**〕라는 말을 기대했다. 하지만 이틀이 지나도록 어떠한 댓글도 없다. 결국 나는 글을 지웠다. 동물 학대자들이 이런 글들을 보고 위치를 찾을지도 모른다는 얘기를 들은 터였다.

결과적으로 볼 때 하영님 말처럼 팬서는 외출냥도 아니고 나 외엔 아무도 챙겨주지 않는 길고양이인 것 같아 보였다. 내가 오기 전부터 팬서는 거기 있었는데 그 전에는 누가 챙겨주었을까? 사람들이 이토록 많이 지나다니는 길에, 이렇게 개냥이인데, 도대체 팬서는 어디서 온 걸까?

팬서는 미스터리(mystery)다. 언젠가 팬서 등의 털이 많이 엉켜 있었다. 고민하다가 가위를 가져가서 엉킨 부분을 잘라주었더니 괜찮아졌다. 피부병인가 걱정했는데 아니었다. 외출냥이라면 이렇게 털이 엉키게 두지는 않겠지. 게다가 팬서는 이미 귀 커팅***이 되어 있었다. 그것은 팬서가 길고양이라는 결정적 증거였다. 아마도 나는 내 맘이 편하기 위해서 팬서가 외출냥이 아닐까라고 무의식 중에 계속 생각했었나 보다.

그날 일기예보는 강원도 어디선가는 첫눈이 내린다고 했다. 이제 팬서는 길냥이라는 것이 거의 확실해졌다. 전에는 걱정이 되지 않던 팬서가 나는 점점 걱정이 되기 시작했다.

팬서는 어디서 잘까? 추위에 어떻게 겨울을 날까?

"팬서에게 겨울 집을 사주면 들어갈까요? 옆에 상가 주차장에 집을 놓으면 안 될까요?"

나는 하영님에게 전화했다. 팬서가 앉아 있는 상가와 주차장은 사유지다. 주인의 허락 없이 물건을 놓을 수가 없다. 하영님은 6년 동안이나 사유지에서 캣맘을 했으니 이런 경험이 있을 터였다. 하지만 그녀는 사람들이 겨울 집 놓는 것을 싫어해서 장소도 없을뿐더러 아마 불안해서 들어가지도 않을 거라고 했다. 겨울 집이 있으면 오히려 눈에 띄어 해코지하는 사람들이 있을 수도 있다면서 안타깝지만 어쩔 수 없다고 덧붙였다.

*** 지방자치단체에서 TNR(개체중성화)의 표시로 중성화를 마친 고양이에 대해서 왼쪽 귀를 조금 잘라 표시하는 것

겨울이 오고 있다. 한겨울, 팬서는 상가 앞에서 영하의 추위에 떨어야 한다.

"팬서야. 집에 가. 너 집 어디야? 진짜 없어? 왜 항상 여기 있어? 추운데"

저녁 시간이 되어 퇴근하는 사람들이 상가 앞을 무수히 지나쳐 갔다. 초겨울 밤 도로는 가로등이 켜져 있다. 하지만 지나가는 사람들의 표정을 읽기는 어려웠다. 다들 빠르게 지나쳐갈 뿐 누구도 팬서에게 관심을 두는 사람은 없다. 나는 사료를 조금씩 먹는 팬서와 지나가는 사람들을 한참 동안 번갈아 쳐다보았다.

얼마 후 힘겹게 나는 또다시, 지난 일 년 동안 그랬던 것처럼 팬서를 두고 일어섰다. 앉아 있던 팬서에게, 돌아선 나의 그림자가 암막 커튼처럼 덧씌워졌다.

그동안 고마웠어요! 츄츄 팬님 여러분 파이팅!

"어젯밤, 결심했어요. 팬서 데리러 갈게요. 오늘도 거기 있는 거죠?"

"네? 팬서를 입양하겠다고요?"

나뿐만 아니라 그 누구도, 하영님이 팬서를 입양하리라고 생각하지 못했다. 이미 본인 집에 다섯 마리, 엄마 집에 열네 마리의 고양이를 키우고 있기 때문이다.

더군다나 실제로 팬서를 본 것은 나뿐이다. 하영님도, 다른 사람들처럼 톡방에 올라온 팬서의 사진만을 보았을 뿐이었다.

"남편하고 아빠한테는 '테디'라고 하면 될 것 같아요."

하영님이 보내준 테디의 사진은 정말 팬서와 일란성 쌍둥이라도 되는 듯 똑같이 생겼다. 하지만 테디는 캐나다에서 온 고양이라 팬서와는 태어난 대륙부터 달랐다.

그녀의 아버지는 건축업을 해서 돈을 많이 벌었고 어머님은 다정다감하신 분이었다. 외동딸인 그녀는 어릴 때부터 동물을 좋아했다. 초등학교 5학년 때 처음으로 유기견 한 마리를 집에 데리고 왔다. 어머니는 쫓아내기는커녕 유기견을 불쌍히 여기고 잘 키워주셨다. 중학교 때에도 아기 길고양이를 한 마리 데리고 와서 또 키웠다.

하영님이 고등학교 때 진로 문제를 고민할 무렵 부모님이 유학을 권유했다. 캐나다 토론토에서 바이올린을 전공하며 4년을 보냈다. 혼자 유학 생활을 하던 하영님은 고양이를 입양하고 싶었다.

캐나다에는 유기견이나 길고양이가 거의 없다. 만약 유기견이나 유기묘가 있다면 동물보호소로 들어간다. 동물보호소는 웬만한 집보다도 케어를 잘해준다고 한다. 캐나다는 환경보호, 동물보호의 선진국이었다. 고양이를 입양하려면 동물보호소에 입양신청을 해야 하는데 유학생은 언젠가는 본국으로 돌아간다고 해서 자격조차 되지 않았다. 돌아갈 때 버리고 가는 유학생이 많기 때문이다.

"이 집에서 고양이를 입양할 수 있대. 고양이가 스무 마리나 있다네. 무슨 종교 때문인지 불임수술을 안 한대."

하영님을 위해, 유학생 남자 친구가 백방 알아본 끝에 한 달 된 애기 고양이 두 마리를 데리고 왔다. 그녀가 살던 곳은 셰어 하우

스였지만 본인이 소유주(이것도 부모님이 사주었다고 한다. 홈스테이하는 것을 힘들어하는 딸을 위해)였으므로 고양이 키우는 것은 문제가 되지 않았다.

남매였던 두 마리 중 수컷 고양이는 '테디'로 암컷 고양이는 '엘라'로 이름 지었다. 4년의 유학 생활 이후 다시 우리나라로 돌아올 때 남자 친구는 헤어졌지만, 테디와 엘라는 같이 들어왔다. 지금도 테디는 엄마 집에, 엘라는 하영님의 집에 열다섯 살이 되어 잘 살고 있다고 한다.

6년 전, 캣맘이 되기 전에는 고양이 두 마리를 키우는 평범한 집이었던 하영님의 집과 엄마 집은 이제 동거하는 고양이들이 많다. 하영님의 집은 다섯 마리의 고양이가 있고 엄마 집에는 전부 하영님이 데려온 열네 마리의 고양이가 있다. 여기 테디도 있었는데 팬서를 테디라고 해도 남편이나 아빠는 잘 모를 거라고 했다. 남편은 처가에 자주 가지 않고 아빠도 건축업 때문에, 지방에 살면서 한 달에 한두 번 정도만 집에 온다고 한다.

과연 그렇다! 열다섯 마리나 되는 고양이를 한 번에 세워놓고 숫자를 세어볼 일은 없을 테니까, 똑같이 생긴 한 마리가 더 있어도 구분하기는 어려울 터였다. 하영님보다도 어머니가 더욱더 대단하신 분이었다. 열네 마리를 키우면서도 또 군말 없이 팬서를 받아주다니, 존경심과 동시에, 도대체 어떤 분이실까 나는 몹시 궁금해졌다.

하영님은 입양을 결심했지만, 걱정이 많았다. 팬서는 외출냥이 아닐까? 사과마켓에 띄웠을 때 답이 없었지만, 혹시 인터넷을 모르는 할아버지가 키우는 고양이일 수도 있다. 아니면 주인이 없는 고양이라 해도 왠지 잘 안 먹는데도 몸이 통통한 게, 부은 느낌이라며 죽을병에 걸렸을지도 모른다고 했다. 그동안 그녀는 많은 길고양이를 구조했고 구조한 길고양이가 병든 경우도 꽤 있었던 거다. 치료하다가 세상을 뜬 경우도 몇 번 있던 모양이었다.

“제가 팬서 좋아하는 거 알죠? 병원 비용은 제게 맡겨요. 만일 팬서가 무슨 병에 걸렸다 해도 마지막이라도 편안하게, 행복하게 죽을 수 있다면 좋겠어요.”

나는 다시 한번 입양을 결심해 준 그녀에게 감사했다. 사람을 그렇게 좋아하는데 하영님이 아니라면 팬서는 ‘집’이란 것을 구경도 못해 보겠지.

그러나 진짜 주인이 없는 고양이일까? 단 1퍼센트의 가능성일지라도 확실히 해야 한다. 그 대리점이나 근처 식당에서는 팬서에 대해 알 것이다. 내가 본 것만도 1년이 넘으니까. 당연히 알 것이다.

오후 6시가 넘은 시각, 12월이라 이미 거리는 어두웠다. 평소에는 점심시간에 주로 갔었는데 그날은 근무 시간이 끝난 후 팬서를 찾으러 갔다. 탐문조사와 함께 팬서를 데리러 가야 하는 거니까 시간이 필요할 터였다.

팬서는 보이지 않았다. 가끔 늦게 나타나기도 했었다. 대리점은 조명이 환하게 켜있다. 각종 전자제품이 3단으로 진열된 곳으로 나는 들어갔다. 매일 지나가기도 하고 팬서와 함께 문 앞에 앉아 있기도 했지만, 안으로 들어간 적은 없었다. 점원은 내가 가전제품을 사러 온 줄 알고 반갑게 인사했다. 하지만 나는 물건들은 보지도 않은 채 말했다.

“저 죄송한데 뭐 좀 여쭤볼게요. 여기 앞에 매일 앉아 있는 고양이 아시죠? 혹시 주인이 있는 고양이인가요?”

“네? 고양이요? 무슨 고양이요? 잘 몰라요. 우리는 바빠서 잘 몰라요.”

아니, 모를 수가 없다.

“여기 문 앞에 항상 앉아 있었는데 보시지 않으셨나요?”

“보긴 보았는데 몰라요. 주인이 없는지 있는지.”

갑자기 싸늘해진 직원은 전혀 관심이 없다는 투였다. 사람도 아니고 웬 동물에게 관심을 가지냐는 얼굴로, ‘그렇게 한가한가?’ 하고 묻는 듯했다. 나는 대리점 옆 식당에도 물어보았다.

“고양이가 있었어요? 한 번도 본 적이 없는데.”

식당 주인은 오히려 나에게 반문했다. 나는 당황스러운 미소를 지으며 돌아섰다.

‘이렇게 무심할 수도 있구나, 전혀 보이지 않을 수도 있구나.’

심리학에서 농구 시합 중에 나온 검은색 고릴라(분장한 사람)를 아무도 눈치채지 못한 것처럼, 관심이 전혀 없다면 있어도 안 보일 수 있다. 대리점 직원은 가전제품 사러 온 사람만 보이고 식당 주인은 밥 먹으러 오는 사람만 보인다면 그럴 수 있다.

고양이는 가전제품을 사거나 밥을 사 먹을 리 없을 테니까.

그렇다 해도, 명백히 1년 동안 하루도 빠짐없이 아침부터 밤까지 그곳에 있던 팬서를 아는 사람이 하나도 없다니, 나는 이상한 나라의 앨리스처럼 미궁 속으로 빠지는 것 같았다.

"팬서, 이제 왔구나."

어린 남자 학생과 함께 팬서가 나타났다. 팬서의 머리를 쓰다듬자, 상가 앞 대리석에 앉았다. 학생은 근처 중학교라고 스티치되어 있는 교복을 입고 있다. 팬서는 학생과 놀다 온 것 같았다. 둘은 친해 보였다. 나는 그 중학생에게 팬서가 언제부터 있었는지 물어보았다.

"아주 오래됐어요. 한 5년도 넘을걸요. 제가 초등학생 때부터 있었으니까."

여기 학원 다니는 중학생, 고등학생 중에서 몇 명 팬서를 돌보는 아이들이 있다고 한다. 그들 사이에서 팬서는 "츄츄"라고 불린다고 했다. 학생은 학원 시간이 다 되었다며 대리점 옆 건물로 뛰어 들어갔다. 나는 그동안 점심때 주로 왔었기 때문에, 저녁 시간에 학원에 오는 학생들을 만나지 못했던 것 같았다.

〔일 년 내내, 하루 종일 대리점 앞에 앉아 있어요〕

〔아니, 왜죠? 누구를 기다리는 걸까요?〕

이주 전 하영님과 했던 대화가 떠올랐다. 가전 대리점 옆 건물에 영어, 수학이라는 커다란 간판이 보였다. 이층, 학원 창문에서 쏟아질 듯하게 내려오는 불빛을 나는 올려다보았다.

'팬서가 이곳에서 밤늦게까지 기다린 것은 이 학생들이었나.'

나는 고개를 끄덕였다. 그랬구나. 팬서는 어른들의 철저한 무관심 속에서 오랜 시간 학생들의 보살핌을 받으며 살아온 것 같았다.

'정말 고생 많이 했구나. 팬서. 이제 집에 갈 수 있어. 집에 가자.'

나는 팬서를 오래도록 쓰다듬었다. 전화가 울리고 하영님이 도착했다. 팬서는 집에 가는 것을 아는 것처럼 통 덫에 5분 만에 들어갔다. 우리는 동물병원부터 먼저 갔다. 길에서 오래 생활했음에도 팬서는 의외로 건강했다. 통통 부었을 거라던 하영님의 걱정은 걱정일 뿐이었다. 모든 수치가 정상이었다. 하영님이 드디어 팬서를 안았다. 팬서는 그녀를 처음 보았는데도 테디처럼 안겼다.

며칠 후 나는 다시 가전제품 대리점을 찾아갔다. 그동안 팬서를 돌보던 학생들이 고양이가 왜 안 나타나는지 궁금해할 터였다. 팬서가 매일 앉아 있던 자리에 나는 준비한 작은 메모를 한 장 붙였다.

〔안녕하세요? 여기 있던 개냥이 고양이는 좋은 분께서 입양하셨어요. 이제 고단한 길 생활 끝내고 집에 갔으니까 너무 걱정 안 하셔도 됩니다. 그동안 정말 고마웠어요! 츄츄 팬 여러분 파이팅!〕

◀ 팬서를 처음 만난 날 -
대리점 골목에서 하루 종일
있는 팬서.

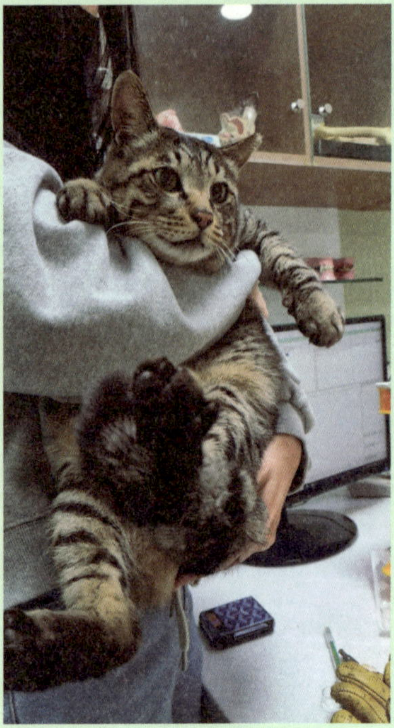

팬서 입양날 ▶
- 처음 본 하영님 품에 안긴 팬서
(병원에서)

▲ 자전거와 팬서

[두 번째 이야기]

천사 강림

경계할 수 있도록, 도망갈 수 있도록

〔하양이 사건 보셨어요?〕

〔아, 네. 무섭죠. 진짜 길고양이는 개냥이가 되면 안 돼요. 미친놈들이 너무 많아요〕

그날 아침, 뉴스를 접하고는 단톡방은 우울한 분위기였다. 단지 약한, 고양이라는 이유로 하양이는 죽임을 당했다. 사람에 대한 경계심이 있었다면, 위기의 순간 도망칠 수 있었을지도 모른다. 하지만 하양이는 사람을 믿었다.

일 년 전, 시장에 있던 두부 가게에 작은 아기 고양이가 나타났다. 고양이는 굶은 듯 야위어 있었다. 가게 주인은 엄마 없이 나타난 고양이가 불쌍해서 밥을 주고 상자로 집도 만들어주었다. 온통 하얀색 털 고양이라 이름을 하양이라고 지어주고 보살폈다. 아기 고양이는 가게에 정착하여 살았다. 주인아주머니와 아저씨에게 하양이는 가족과 마찬가지였다.

시장에 있는 이웃 상가 사람들도 하양이를 예뻐했다고 한다. 시장을 지나다니는 사람들까지도 간식을 가지고 와서 고양이를 불렀다. 그러면 하양이는 다가와서 골골거리며 간식을 먹었다. 당연하게도 하양이는 사람을 무서워하지 않고 좋아했다.

개냥이가 되지 않았다면 하양이는 아직도 살아 있을까?

채 한 살이 되지 않은 어느 날 오후, 하양이는 가게 앞에서 햇볕을 쬐고 있었다. 지나가던 이십 대의 남자가 갑자기 하양이의 꼬리를 낚아채서 시멘트 바닥에 수십 번 내려쳤다. 비명이 울리고 피가 튀자, 사람들이 달려왔다. 그제야 그 남자는 하양이를 내던지고 도망갔다. 하지만 이미 작은 생명은 목숨이 끊어진 채였다.

그냥 묻힐 뻔했던 사건이 청와대 청원에 올라가면서 수사에 속도가 붙어 결국 범인이 검거되었다. 범인은 취업이 안 되는 스트레스를 푸느라고 그랬다고 한다. 소중한 생명을 한낱 화풀이 대상으로 생각하고 잔인하게 죽인 거였다.

퇴근 후, 돌아본 공원에는 사람들이 많다. 겨울 날씨답지 않은 포근한 날이다. 줄넘기하는 사람, 맨손 체조하는 사람, 자전거 타는 아이들, 그 아이들과 함께 온 엄마, 아빠, 장기나 바둑을 두는 할아버지들, 담소를 나누는 할머니들, 교복을 입고 공원 야외 테이블에 앉아 간식을 먹는 학생들, 다양한 사람들이 모여 있다. 반려견들도 주인과 산책을 나왔다. 큰 진돗개부터 작은 치와와까지 저마다 공원에서 여유로운 한때를 보내고 있다. 공원은 다양한 사람들이 오고 간다.

그러나, 그래서, 공원이 더욱 위험할 수 있다.

동물을 사랑하는 사람들, 100명이 있다면 그냥 평화로운 공원이 되겠지만 단 한 명의 동물 학대자라도 있다면 공원 전체, 모든 고양이의 목숨이 위협받는 일이 될 수 있으니까.

〔애들이 똑똑해요. 낯선 사람에게는 가지 않아요.〕

공원 바로 앞에 사는 재선님의 메시지였다. 그녀가 공원에 밥을 준 지 한 달이 되어갔다. 그녀는 고양이들이 경계 없이 다가오는 것을 좋아했다. 나는 걱정스러웠다. 재선님은 본인에게만 다가온다고 생각하지만, 사실 어느 순간 경계심이 풀리고 낯선 사람에게도 우리에게 한 것처럼 친근감을 표시할지 아무도 몰랐다.

재선님은 장난감을 사서 급식 터에서 치즈 고양이 강치와 놀아주는 모양이었다. 강치가 점점 재선님을 알아보는 듯, 바로 앞에까지 다가오는 사진이 많아졌다.

우리 공원에서 강치는 제일 개냥이였다. 다른 아이들은 사람이 다가가면 피하는데 강치는 그러지 않았다. 먹을 것을 주면 거의 50센티 앞까지도 사람들에게 다가갔다. 강치는 공원에 살면 안 될 것 같다. 집으로 보내야 한다. 하지만 어디로? 이미 강치는 8개월이 되어 몸집이 컸다.

"휩, 휩, 휩"

급식 터에서 사료를 먹고 있던 강치, 하치가 휘파람 소리에 갑자기 어디론가 달려갔다. 따라가 보니 옆의 화단에 강치 아저씨* 다. 퇴근하는 길이라고 한다. 나에게 가벼운 웃음을 짓는다. 나도 손을 흔들었다. 그는 백팩에서 추르(고양이들이 좋아하는 튜브 형식의 간식)를 꺼내어 화단 경계석에 짜놓았다. 강치는 앞으로 나오고 하치는 약간 경계하면서 다가가서 먹었다.

'아, 저건 뭐야? 장난감을!'

급식 터에 사료와 물을 채우고 나오다가, 나는 우뚝 그 자리에 멈춰 설 수밖에 없었다. 아예 덤불 깊숙이 들어가서 낚싯대 끝에 달린 깃털 장난감으로 강치, 하치와 놀고 있다. 이렇게 놀아주어서 강치가 장난감을 좋아하고 사람들을 보아도 피하지 않는 거였구나.

나는 고민하다가 강치 아저씨에게 문자를 보냈다.

〔...공원이 개방된 곳이다 보니 누구든 올 수 있잖아요. 요즘 동물 학대자들이 시내 공원 돌면서 고양이들 잡아가고 죽이는 일이 실제로 벌어지고 있어요. 그늘의 가장 쉬운 타깃은 아기 고양이와 개냥이예요. 그래서 슬프게도 공원 고양이들을 개냥이로 만들면 안 되죠. 죄송하지만 조금은 거리를 두도록 부탁드릴게요. 우리 고양이들, 경계할 수 있도록, 도망갈 수 있도록....〕

〔알겠습니다. 거리를 두고 지켜보아야겠네요!〕

그는 다행히 기분 나빠하지는 않는 것 같았다. 벌써 1년이 넘게 매일 공원 고양이들에게 간식을 주고 있다. 정말 고양이를 사

---

* 공원에 고양이들 간식을 주러 매일 오는 남자, 치즈 강치가 제일 많이 따라서 나는 강치 아저씨라고 불렀다.

랑하는 사람이다. 고양이가 사랑스러워 놀고 싶고, 만지고 싶다는 걸 이해한다. 사실 나도 그러고 싶으니까. 걱정스러운 일들이 없다면 그래도 될 것이다.

하지만 인터넷에 올라오는 사건들은 클릭하기가 두려울 정도로 잔인하고 목숨과 직결된 것들이다. 그나마 이렇게 인터넷에 뜨는 사건들은 일어나는 사건들의 십 분의 일도 안 된다. 현실은 상상할 수 없을 만큼, 훨씬 더 잔혹하다.

한동안 N번방이 사회적인 이슈가 됐었다. 젊은 20대 남자인 운영자는 감옥에 갔다. 하지만 이 사람이 감옥에 가기까지 많은 사람들의 노력이 필요했다. 사람에 대한 학대가 이 정도인데 동물에게는 어떨까?

사이트에는 고양이 N번방도 있다. 사회적으로 반감을 표출하고 싶은 사람들은 약한 대상자를 찾게 되고 고양이들을 제물로 삼았다. 그들은 길고양이를 잡아다 학대하고 죽이는 영상을 촬영했다. 약한 대상들의 고통이 그들에게는 희열이었다. 인간이라고도 할 수 없는 인간들이 너무 많아진 세상에서 죽임을 당하는 것은 약한, 힘없는 생명체다.

다른 나라보다 턱없이 약한 동물보호법이 더욱 강화되어 이런 일이 없게 해야겠지만 당장 희생되는 것은 연쇄살인의 아이나 여성처럼, 아기고양이나 개냥이들이다. 희생물이 되지 않기 위해서는 최소한 평소에 사람과 친화적이지 않을 필요가 있다. 길에 사는 고양이들은 경계할 수 있도록, 도망갈 수 있도록, 사람들에게 다가오지 않아야 한다. 추르나 손으로 주는 간식 등을 주지 말고 되도록 거리를 유지해야 한다.

안타깝지만 장난감으로 놀아주어도 안 된다. 동물 학대자들도 간식과 장난감을 들고 온다. 사람들이 좋아하는 개냥이가 오히려 길 위에서는 목숨이 가장 위태로울 수 있다. 동물을 좋아하는 사람인지, 동물 학대자인지 겉모습을 보고서는 전혀 구분할 수가 없기 때문이다. 정말 동물 학대자라도 나타난다면 사람과 친근한 고양이들이 가장 위험하다. 나타나지 않을 거라고 믿고 싶지만, 요행에 생을 맡기기엔 세상이 너무나도 무섭다.

며칠 후 다시 만난 강치 아저씨는 장난감을 또 흔들고 있다. 이번에는 아직 작은 아기들 까치, 또치와 함께였다. 그의 손 움직임에 따라 까치, 또치의 똘망똘망한 눈동자가 왔다 갔다 했다. 그는 아이들과 노느라고 나를 못 본 듯했다. 나는 차마 어쩌지 못하고 벤치 뒤에 서 있다.

'저번에 얘기해서 이해했다고 생각했는데…. 한순간에 사람이 달라지긴 힘든 건가.'

문자를 보냈어도 안 된다면 말을 하면 더욱 반감만 살 것이다. 누구나 처음은 있는 거니까 아직 시간이 필요할 수도. 그걸 알기에 나는 말없이 걸음을 옮겼다.

하지만 애기들은 언제라도 위험에 처할 수 있다. 나는 재선님과 강치 아저씨에게 또 다른 동물 학대 사건인 자두 사건과 폐양어장 사건 링크를 보내고 버스를 탔다. 조금이라도 경각심을 가지기를 바라면서, 다음번에 만날 땐 장난감을 들고 있지 않기를 바라면서 말이다.

집으로 데려가 평생 책임질 생각이 아니라면, 데려가고 싶지만 여러 가지 사정 때문에 그럴 수 없다면, 순간의 즐거움보다는 그들의 생명을 생각해야 한다. 최소한 스스로 생명을 지킬 수 있도록, 길고양이들을 개냥이로 만들어서는 안 된다.

사진에서 시장 바닥은 고양이의 피로 젖어 온통 핏빛이었다. 집으로 가는 사거리의 건널목에서 나는 잠시 서 있었다. 신호등의 빨간색은 어둠 속에 더욱 선명해 보였다.

까치, 또치는 이제 3개월이 되어 털이 보송보송하고 눈망울이 초롱초롱 호기심이 많았다. 둘이 꼭 같이 붙어 다녀서 공원의 최강 귀요미들이었다.

'이런 아가들을 어떻게 그럴 수가.'

빨간색 신호등이 몇 번이나 바뀌어 깜빡거렸다.

"까치, 또치는 안 돼. 개냥이가 돼서는 안 돼."

나는 나도 모르게 중얼거렸다. 까치, 또치를 우리 집에 데려가고 싶다는 말이 머릿속에서 탈출해서 입 밖으로 나올 것만 같았다.

몇 번의 빨간 점멸 신호 후 처음 보는 듯한 녹색 신호등이 깜빡거렸다. 퇴근이 늦었다. 나는 그제야 현실을 깨달은 듯 버스정류장을 향해 뛰었다. 우리 집에도 길에서 데려온, 네 마리의 고양이가 나를 기다리고 있을 터였다.

천사 강림

외모지상주의가 세상을 점령했다. 고양이 세계도 예외는 아니었다. 집고양이라면 예쁜 것이 좋겠지만 길고양이들은 눈에 띄게 되어 예쁜 것이 좋은 것만이라고 할 수 없다. 고양이를 싫어하는 사람도 많고 언제 동물 학대자가 나타날지 모르기 때문이다.

다행인지 불행인지 우리 공원에는 특히나 귀엽고 예쁜 고양이들이 많았다. 결코 나 혼자만의 생각은 아니었다. 많은 사람이 인정하고 있는 사실이었다. 기존에 있던 원주민 고양이인 엄지, 아치, 피치뿐만 아니라 이사 온 고양이들도 털이 보송보송 거의 집고양이 수준이었다. 지난해 가을에 이사 온 고양이들은 10마리쯤 되었고 모두 중성화했다. 그리고 초겨울에 4마리 더 이사 왔는데 1, 2개월밖에 안 된 아기들이었다.

어디서 온 것일까?

엄마도 없이 한 마리씩 나타나 자리를 잡았다. 기존에 아이들은 모두 중성화해서 몇 달간 공원에 아기들이 없었는데 다시 아기들이 생겼다. 오른쪽 입 옆에 작은 점이 매력적인 회색 태비 샐리, 검은색과 갈색이 절묘한 조화를 이룬 고등어 태비 테리, 하얀색이 많은 삼색이 레미, 밝은색의 노란 털과 아몬드 색 눈을 가진 치즈 리치까지, 4마리가 공원의 뉴페이스 아기 고양이들이었다.

그렇지만 공원에서 가장 미묘는 엄지의 두 번째 아기 고양이** 까치, 또치였다. 까치, 또치는 이제 만 한 살이 넘었다. 태어날 때부터 봐와서 더욱더 정이 가기도 했지만, 아기 때부터 절대 미모를 자랑했었다.

카오스 까치는 검은색과 갈색, 흰색까지 삼색이 조화를 이룬

** 엄지의 첫 번째 아기들은 강치, 하치, 아치다. 나중에 공원 중성화의 날에 루키와 다른 고양이들과 함께 엄지도 중성화했다.

몸의 털 무늬와 까만 털이 덮인 왼쪽 눈, 그리고 상현달(오른쪽이 둥근 반달) 모양의 갈색 오른쪽 얼굴이 대비되어 독특하고 예뻤다. 어디서도 이런 고양이를 본 적이 없다.

쌍둥이 또치는 치즈냥인 엄마를 그대로 빼닮았지만, 엄마보다 하얀색이 훨씬 많다. 하얀 바탕에 노란색 점박이 무늬가 한두 개 있어서 깨끗하고 환한 인상을 주었다. 게다가 살아남은 단 두 마리의 쌍둥이라 그런지 항상 붙어 다녔다. 같이 자고 같이 다녀서 귀여움도 예쁨도 훨씬 배가되었다. 세상에 이런 미묘들은 또 없을 것 같다. 몇 달 전 봄에 서로 기대어 자는 까치, 또치의 사진을 찍었고 그 사진에 나는 "천사 강림"이라고 이름을 붙였다.

외모지상주의가 나도 점령했던 걸까? 태어난 지 2주째부터 봤고 커가는 모습을 매일매일 지켜봐서 그런 걸까? 무슨 이유에선지 내게는 까치, 또치가 더욱 애틋했다.

"아니, 여기 다 모인 거야? 까치, 샐리, 테리, 카레, 젤리!"

오랜만에 햇볕이 좋았는지 공원 고양이들이 모였다. 다섯 마리가 벤치에 나란히 앉아 있다. 마치 학교에 온 학생들 같다. 점심시간이 끝나 사무실로 돌아가면서도 나는 연신 뒤를 돌아보았다.

왜 이렇게 예쁜 걸까?

도대체!

고양이들이란!

이룰 수 없는 버킷리스트

〔요즘 또치 보셨어요?〕

〔못 본 지 일주일 된 것 같아요〕

단톡방에서 지은님이 내게 말했다. 까치, 또치가 태어난 지 1년 3개월이 지난 때였다. 6개월 때 같은 날 잡혀 중성화도 같이한 그들은 한 살이 넘었어도 다른 고양이들보다 작아서 아기 느낌이 났다. 또치는 수컷, 까치는 암컷인데도 또치가 오히려 까치보다도 조금 더 작았다. 보통은 수컷이 암컷보다 30% 정도 더 큰데 말이다.

공원에서 태어나서 살아와서 그런지 까치, 또치는 우리를 피하지 않았다. 하지만 서로, 어릴 때부터 거리두기를 해와서 밥을 주면, 2m 앞까지 와서 똘망똘망 쳐다보곤 했다. 동물 학대자가 나타날까 봐서 나는 공원 고양이들과 항상 거리를 두어왔다. 그래도 언제든지 공원에 가면 볼 수 있는 아이들이었는데 일주일 전부터 또치가 보이지 않았다.

어디 놀러 갔을까? 가끔 어디론가 사라졌다가 다시 오는 경우가 있기는 했다. 특히 암컷보다 수컷일 때 모험심이 발동하는 건지 그런 경우가 가끔 있었다. 시청에 사는 루키는 몇 번 그랬다. 몇 번의 모험 끝에 지금은 다시 정착한 것 같다.

또치도 돌아오겠지? 겨울 오후 잠깐 내리쬐는 햇볕에 까치만 남아 덩그러니 앉아 있다.

"또치야! 까치만 두고 어디 간 거야. 빨리 돌아와."

나는 까치를 바라보며 혼잣말한다.

턱시도 젤리가 샐리와 테리를 데리고 나타났다. 1년 반 전에 젤리도 한 달 된 아기로 나타났었는데 이제 한 살이 넘어 여기 이사 온 아기들을 돌보고 있다. 윤기 나는 까만 털에 몸집도 작아서 언뜻 보면 집에서 잠깐 외출한 아기 고양이로 보이는 젤리가 이렇게 공원 보모의 역할을 자처하다니 기특하기만 했다. 처음에 젤리도 하치가 돌봐주었었는데.

2년 전 늦가을에 아기였던 까치와 또치, 그리고 젤리까지 하치는 독박육아***를 했다. 하치가 로드킬로 죽은 이후 남겨졌던 까치, 또치, 젤리가 이제 성묘가 되어 이사 온 아기들을 돌보고 있는 거다. 더군다나 하치와 젤리는 수컷인데도 말이다.

정말 인간보다 훨~씬 나은 고양이들이라니!

“강쌤, 까치가 죽었어요!”

그날 오후 3시, 내 전화기가 울렸다. 공원 근처 직장에 다니는 선영님이었다.

“네? 뭐라고요?”

무슨 말인지 해석이 되지 않았다. 선영님은 울고 있었다. 그럴 리 없다. 2시간 전에 밥을 먹었는데? 일렬로 벤치에 앉아 있었잖아?

“아, 무슨 말씀인지. 일단 내가 거기로 갈게요.”

나는 뛰어나갔다. 횡단보도를 건너고 공원이 보였다. 모든 것이 두 시간 전 그대로였다. 변한 건 아무것도 없다. 바람조차 불

*** 엄마인 엄지는 중성화 후 새로운 남자 친구인 루비랑 다녔다. 그래서 5개월 먼저 태어난 형, 하치가 동생 까치, 또치를 돌봤다.

지 않았다.

설마 까치가 죽을 리, 그럴 리 없어.

공원을 둘러보자, 오피스텔을 나눈 1차선 건너편에 선영님이 있는 게 보였다. 그녀는 보도블록을 바라보며 울고 있다. 나는 천천히 다가갔다. 바닥에 까치가 누워 있다. 외상은 없어 보였지만 눈을 뜨고 있었고 입도 벌린 채였다. 다가가 만져보았다. 즉사했는지 이미 굳어 있다.

"로드킬 당한 걸 누가 보도블록에 올려놓았나 봐요. 어떡해요. 까치 불쌍해서."

선영님은 울면서 말했다. 나는 보고도 믿기지 않았다. 눈물조차 나오지 않았다. 여기는 1차선, 일방통행 도로에다, 학교 앞이라 속도제한이 걸려 있어 저속으로밖에 못 달리는데 어떻게 된 거지? 까치가 어떻게 로드킬을? 선영님은 눈을 뜬 채 죽은 까치가 안됐는지 눈을 감겨주려 했지만, 그것조차 되지 않았다.

나의 감정은 현실을 인정하지 않았지만, 이성은 현실을 파악하고 있나 보았다. 이 상황을 어떻게 수습해야 할지 짧은 시간, 생각이 많아졌다. 로드킬 당한 동물들은 보통 생활폐기물로 분류되어 종량제 쓰레기봉투에 담겨 버려진다. 까치는 쓰레기차에 실려 쓰레기 더미에 깔려 소각장에서 태워지겠지. 하지만 까치는 쓰레기가 아니다. 까치를 쓰레기 취급할 수 없다. 까치는 특별한 존재였다.

"까치는 공원에서 태어났으니까, 공원에 묻어주어도 될 것 같아요. 내가 묻어줄게요."

나의 말에 선영님은 눈물을 닦으면서 나를 쳐다보았다. 그녀는 괜찮겠냐고 말했지만 나는 개의치 않았다.

"내가 알아서 할게요. 선영님은 사무실로 들어가세요."

까치는 공원 언덕 한편에 묻혔다. 동료 직원들이 함께 묻어주었다. 겨울이라 삽이 잘 들어가지 않았지만, 힘을 다해 구덩이를 팠다. 까치를 들어 구덩이에 눕히고 다시 삽으로 흙을 덮고 낙엽을 덮었어도 까치가 죽었다는 실감이 나지 않았다. 그냥 멍하니 혼이 나간 것만 같았다.

하지만 무슨 일을 한다 해도, 공원이 아니라 그 어떤 곳에 묻는다 해도 다시는 까치를 볼 수 없다는 것을, 영화와는 달리 타임머신이 없다는 것을, 나는 모를 수가 없었다. 그리고 또치가 다시 나타나지 않는 이유도 이제는 알 것 같았다.

며칠 전 나의 메모장을 오랜만에 펼쳤다. 거기에는 첫 번째부터 순서대로 적힌 버킷리스트가 있다. 호주에서 한 달 살기, 북극에서 오로라 보기, 사막에서 은하수 보기, 자막 없이 미드 감상하기 등 여러 가지다. 그러나 다른 것들은 설령 이루지 못할 수 있다 해도 살아 있는 한 '이룰 수 있는 가능성'만큼은 있는 것이었다. 하지만 이제 다시는 '이룰 수 있는 가능성'조차도 없는 항목은 단 하나였다.

마지막에 적힌 글이었다. 시간 순서대로 적혀 있어 가장 최근에 썼다.

- 까치, 또치 데려오기(입양하기)

나는 그 글씨를 한참 바라보다 창문으로 고개를 돌렸다. 눈물이 핑 돌았다.

▲ 쌍둥이 남매 까치, 또치

까치, 또치 엄마 '엄지' ▶

◀ 까치, 또치(1살)

▼ 생후 2주 - 처음 발견한 날

▲ 천사강림

[세 번째 이야기]

인간 없는 고양이 별로 가렴

개냥이 테리

지난해 9월, 테리는 한 달 된 아기로 공원에 나타났다. 어디서 왔는지 아무도 모르지만 아마도 옆의 학교 쪽에서 온 것 같다. 거기에는 학생들이 밥을 주는 급식 터가 있었다.

테리가 처음 왔을 때, 나는 눈을 뗄 수 없었다. 아기라서 귀엽기도 했지만, 짙은 회색 고등어태비로 눈과 귀가 컸다. 꼬리가 풍성하고 끝부분이 말려 있어 다람쥐꼬리 같았다. 엄마도 없이 혼자 나타나 어떻게 잘 적응할까 싶었는데 역시 한 달 때 공원에 와서 이제 한 살이 된 젤리가 아빠처럼 테리를 돌봤다. 겨우내 겨울집에서 같이 자고, 같이 다녔다.

공원에 온 지, 4개월이 지나면서부터 테리는 누구에게든지 머리를 비볐다. 처음부터 그러지는 않았었는데.

나는 공원 바로 옆 아파트에 사는 사람들을 의심했다. 공원에는 밤마다 산책 오는 사람들이 꽤 많았는데 그들 중 몇 명이 테리에게 간식을 주고 쓰다듬은 모양이다. 다른 아이들에게도 마찬가지로 간식을 주었겠지만, 테리가 유독 사람을 따르게 된 것이다.

착해서였을까? 순해서였을까?

공원에 손을 타는 고양이들이 늘고 있었다. 공원 급식이 안정적으로 공급될수록, 중성화가 잘 진행될수록, 그래서 고양이들의 모습이 더 깨끗하고 귀여울수록 당연하게도 사람들은 고양이와 접촉하려 했다. 달이 갈수록, 해가 갈수록 고양이들이 사람들을 무서워하지 않게 되었다. 개냥이들 테리, 레나, 예치, 그중에서도 가장 손을 타는 고양이는 테리였다.

점심시간, 공원에 갈 때마다 사람들이 테리를 둘러싸고 있는 모습을 볼 수 있었다. 나는 한숨을 쉬며 지나갔다. 사람들을 말릴 수도 없고 말을 듣지도 않았다. 나는 항상 불안했지만 내가 할 수 있는 일은 한숨을 쉬는 것뿐이었다.

예쁘고 귀여운 테리지만 입양할 사람이 없을 건 분명했다. 그동안 몇 번의 실패 끝에 나는 현실을 조금씩 알아가고 있었다. 첫 번째 입양 실패(공원 근처 캣맘 파양 사건)로 우리 집에 온 다온이(강치), 그리고 시청에 살던 개냥이 루나까지 우리 집의 여섯 번째 고양이가 된 이상 이제 나도 하영님처럼 입양을 믿지 않았다.

하지만 테리는 어쩌면 루나보다 더 개냥이였다. 루나는 그래도 자기에게 호의를 보이는 사람만 좋아했지만, 테리는 공원에 오는 누구나 좋아했다. 강아지처럼 아무에게나 가서 비비고 뒹굴었다. 집고양이라면 사랑받을 일이지만 길고양이라면 너무도 위험한 일이었다.

〔테리, 이번에 중성화하면서 입양공고 내보는 게 어떨까요? 안 될지도 모르지만, 최선을 다해봐야 할 것 같아서요.〕

테리의 나이가 6개월이 되어 중성화를 시켜야 할 날이 왔다. 나는 직장 내 고양이 동아리* 임원진 단톡에서 또다시 이렇게 말했다. 테리를 불안하게 지켜보는 것보다 최선을 다해야 한다고, 다시 한번 용기를 내야 한다고.

〔고양이 좋아하는 사람이 얼마나 많은데. 걱정하지 말아요〕

다른 과의 과장님인 동아리 회장님이 답했다. 회장님은 집에 두 마리의 고양이를 지극정성으로 키운다. 회장님은 먼저 개냥이인지 확인해보고 사진도 다시 찍자고 했다. 개냥이가 아니면 파양되는 일이 발생할 수 있기 때문이다.

"세상에 강아지보다도 더하네요!"

테리는 최상급 개냥이였다. 개냥이 테스트를 가뿐히 통과했다. 회장님을 처음 봤는데도 부르자마자 달려와서 그냥 안겼다. 회장님은 예쁜데, 또 이렇게 개냥이라니 입양은 무조건 될 거라고 빨리 공고하자고 했다.

그날 포획 틀도 필요 없이 손으로 잡아 중성화병원에 보냈다. 테리가 입원해 있는 동안, 내가 안고 있는 모습으로 사진도 예쁘게 넣어서 입양공고를 했다. 우리는 또 한 번의 기적이 테리의 '묘생역전'으로 이어지기를 마음 가득 바랐다.

---

* 직원들을 중심으로 한 고양이 돌봄 동아리. 공원 고양이를 돌본 지 2년이 되면서 만들어졌다.

테리, 다시 돌아오다

"전화가 한 통도 안 와요. 어떡하나."

회장님은 어쩔 줄을 몰라 했다. 그동안의 경험이 있어 나는 연락이 없을 수도 있다고 생각했지만, 회장님은 전혀 생각 못 한 것 같았다(몇 년 전, 사무실에 나타난 올블랙 아기 고양이 5마리를 입양 공지했을 때 사람들이 많이 몰린 경험이 있다). 공지만 올리면 예쁜 테리를 입양하려는 직원들이 줄을 설 거로 생각했다.

그랬기 때문에 회장님은 임시 보호까지 부탁했다. 테리가 중성화한 후 입양이 될 때까지 임시 보호를 할 사람이 있는데 어쩌면 그 직원이 입양할 수도 있다고 했다. 남직원이었는데 우리 고양이 동아리 회원이었다.

사무실 근처 오피스텔에서 혼자 살아 외로워서, 고양이를 친구 삼으면 좋을 것 같다고 과장님은 말했다. 사람을 엄청나게 좋아하는 테리인데 남자 혼자 사는 집이라니, 나는 좀 마음에 내키지는 않았다. 그러나 만에 하나 아무도 나타나지 않는다면 공원보다는 백배 낫겠지. 고양이 물품을 빌려주기 위해 그 직원과 만났다.

"제가 고양이를 키울 수 있는 여건이 안 돼요. 환자거든요."

놀랍게도 직원은 한숨을 쉬며 말했다. 40대였는데 30대 초반부터 여러 가지 문제(주로 신장과 관련된)로 몸이 안 좋아서 일하는 것도 쉽지 않다고 했다. 일주일에 두세 번은 병원에 가야 하고 또한 근무할 수 있는 체력을 길러야 해서 스포츠센터를 주 3회 다닌다고 한다. 부지런한 사람임에는 분명했지만, 테리를 입양할 수는 없는 분이었다. 거의 매일 10시에 집에 들어간다고 했다. 집에 있는 시간이 잠자는 시간 외에는 없다. 테리는 개냥이라서 입양할 사람을 찾고 있는 것인데 사람을 볼 수조차 없다면 도대체 왜 입양하려는 걸까?

"제가 입양하겠다고 한 적은 없는데, 과장님이 제 말을 다르게 받아들인 것 같아요."

과장님이 고양이 좋아하냐고 물어본 말을 그냥 그렇다고 했는데 말이 와전된 것 같다고 난감해했다. 어쨌든 과장님은 입양이 금방 될 거라고 잠시만 임시 보호해달라고 해서 테리는 중성화한 후 그 직원의 집으로 가게 되었다.

그러나 하루가 가고 이틀이 가고 열흘을 기다려도 입양 전화는 단 한 통도 없다. 나는 혹시나 그 직원이 테리에게 그동안 정이 들어 키우려고 하지 않을까 생각했지만 어림없는 얘기였다. 그분은 자신도 돌보기 힘든 와중에 고양이를 떠맡아 잠을 제대로 못 자서 힘들다는 얘기가 들려왔다.

'그렇게 테리가 사람을 좋아하는데 왜 정이 안 들까? 나라면 다시 못 보낼 텐데.'

처음엔 그 직원의 집에 보내지 말아야겠다고 생각했지만, 막상 입양자가 아무도 없자 내 생각이 달라졌다. 그러나 내가 그였다면 또 다른 이야기일까?

이제 방법은 하나였다. 다시 공원으로 되돌아오는 것. 테리는 공원에서 잘살았으니까 다시 돌아와도 괜찮을 것이다. 살던 곳이니까 적응도 필요 없겠지. 그래도 공원에 돌려보내기 싫었다. 길고양이는 내일을 알 수 없으니까. 더구나 개냥이라면 훨씬 더 위험하다.

임시 보호 2주 차가 다가오고 있었다. 그분은 회장님께 더는 어렵다고 얘기한 모양이었다. 그주 토요일, 캐리어를 가지고 직원의 집에 갔다. 테리는 침대에서 강아지처럼 자고 있다.

'이렇게 평화롭다니. 공원에서는 있을 수 없는 일이지. 공원은 누구든 올 수 있는 곳이니까. 잠깐 방심할 수 있다 해도 그것이 이번엔 괜찮을지, 아니면 어떤 커다란 위험을 초래할지 아무도 모르지. 집은 안전한 곳이다. 그렇지만….'

나는 테리를 우리 집에 데려갈 수 없음에 절망했다. 합사 안 된 고양이까지, 방법이 없어.

'테리야. 정말 미안하다.'

자다 깬 테리가 내게 몸을 비벼왔다. 나는 테리와 눈을 마주치지 않으려 빠르게 캐리어에 넣어버렸다.

공원 급식 터에 도착해 보니 마치 기다린 것처럼 이미 젤리와 카레가 있다. 테리를 풀자, 젤리 쪽으로 뛰어갔다. 젤리는 테리를 잠깐 핥은 뒤, 같이 철쭉나무 꽃들 사이로 사라졌다. 함께 갔던 회장님은 저렇게 젤리와 테리가 함께 잘 지내는데 만약 테리가 입양됐으면 젤리가 엄청 서운했을 거라며 차라리 잘됐다고 말했다. 그러나 나는 대답할 말을 찾지 못한 채, 젤리와 테리가 함께 사라진 덤불을 오래도록 바라보고만 있었다.

인간 없는 고양이 별로 가렴

〔공원 시설공단입니다. 주차장에 고양이 사체가 있는데 저희

가 처리해도 될까요?〕

월요일, 한창 일하는 중이라 문자 확인이 늦었다. 나는 불길한 예감에 휩싸였다. 공원 주차장이라면, 내가 모르는 고양이가 없을 텐데. 혹시 다른 지역의 고양이가 지나가다가 죽었을 수도 있지만 거의, 아마도, 내가 아는 고양이일 것이다.

〔죄송하지만 사진을 보내줄 수 있나요?〕

내 문자에, 공단에서 직접 전화가 왔다. 사진은 안 찍었다며 사체 찍기는 좀 불편하다고 했다. 나는 내가 가서 확인해 보겠다고 말했다. 동아리 직원 중 하나를 불러서 같이 가고 싶었지만 이런 좋지 않은 일로, 더군다나 사체 확인을 위해 같이 갈 수 있을 것 같은 사람은 떠오르지 않았다.

"테리 어디로 간 걸까? 엄마."

"그러니까. 어디로 갔는지 모르겠어."

지난주 일요일, 같이 고양이 급식 활동하러 왔던 하늘이와 함께 나는 포스터를 보고 있었다.

≪고양이를 찾습니다. 나이 6개월 정도, 사람을 완전 잘 따름, 원래 공원에 살았던 고등어 태비, 혹시라도 이 고양이를 입양하시거나 보호하고 계신 분이 있다면 연락 바랍니다.≫

공원 중앙 벤치의 지붕을 받치고 있는 기둥에 붙은 포스터였다. 글자 밑에는 테리의 흑백사진이 있다. 잉크가 번졌는지 테리의 얼굴이 선명하게 보이지 않는다. 테리는 완전 개냥이여서 하늘이도 예뻐할 수밖에 없었다. 포스터에는 지은님의 핸드폰 번호가 적혀 있다.

“테리가 며칠째 보이지 않아요. 누군가 입양하려고 데려간 것 같아요.”

지은님의 전화가 며칠 전에 왔었다. 나도 테리가 안 보이는 것은 알고 있었다. 그래도 나는 좀 기다리고 있던 차였다. 어쨌든 기다리지 않는다 해도 다른 할 일은 없을 테니까.

지은님은 누군가 테리를 입양했다고 확신한 것 같았다. 그러니까 포스터까지 붙였겠지. 입양했다면 좋은 일 아닌가? 그런데 왜 지은님은 난리가 난 거지? 아파트 사람 중에 개냥이인 테리를 좋아하는 사람들이 많았고 동네 사람인 지은님은 입양을 추진하고 있었나 보았다. 하지만 좀 이상한 사람들이 많다고 내게 말했었다. 정확히 대화해보지 않아서 알 수는 없었지만 아마도 반려동물이라는 개념을 잘 모르는 사람 중 하나인 것 같았다. 그래서 테리를 누군가 입양했더라도 마음을 놓을 수 없다고 생각해서 그녀는 급하게 포스터를 붙인 것 같다.

그러나 나는 누군가 테리를 입양했다고는 전혀 생각하지 않았다. 이미 천 명이 넘는 직원 게시판에 공지했다가 다시 돌아온 테리 아닌가? 입양할 사람은 없다. 그렇다면 도대체 어디로 사라진 것일까? 알 수 없지만 그동안의 경험으로 보았을 때 다른 곳으로 떠났거나, 로드킬이거나, 최악의 경우 범죄의 희생양이 된 일도 있을 수 있다.

테리는 누구라도 따라갈 수 있는 개냥이였으므로 사라진 것은, 그래서 더욱더 ‘문제’였다.

발에 쇠사슬이라도 단 것처럼 걸음이 무거웠다. 횡단보도를 건넜다. 아는 아이면 어쩌지? 최근에 안 보이는 아이는 테리밖에 없는데. 설마 테리일까? 만약 그렇더라도 사실을 모르는 것보다 아는 게 나을 거야. 무엇이든, 무슨 일이든 알아야 하지. 나는 나 자신을 다독였다.

이윽고 공원 주차장이 보였다. 지하 주차장 2층이라고 했던가. 공단 직원이 말해준 B2 C11 구역에는 아무것도 없다. 다시 전화를 걸었다. 공단 직원은 다시 그쪽이 맞다고 확인해 주었다. 그 근처 어디라고.

여기란 말이지. C9 구역부터 주차된 자동차 밑까지 샅샅이 살피면서 걸어갔다. 내 걸음은 평소와 다르게 느렸다. 천천히, 천천히.

공단 직원이 잘못 본 것이면 좋겠다. 옷가지 같은 쓰레기 더미를 잘못 볼 수도 있잖아. 차라리 아무것도 없었으면.

C11 구역 주차된 자동차 뒤에서 무언가 보였다. 털 뭉치 같은 것이. 나는 얼음처럼 굳어졌다. 저건가? 확인해야 한다. 천천히 시야에 검정과 갈색 무늬가 들어왔다. 이런.

태비 무늬, 다람쥐꼬리처럼 말린 풍성한 꼬리, 테리는 입을 작게 벌리고 누워 있다. 예감은 틀리지 않는다. 결국 테리였구나. 어쩌다 지하 1층도 아니고 지하 2층까지 내려온 걸까? 사람을 너무 좋아해서 누군가를 따라왔을까? 외상은 없어 보였다. 주차하는 차에 부딪혀 급사한 듯 차 끝에 조용히 누워 있는 모습이었다.

어떡해야 하지?

두 달 전, 까치처럼 나는 공원에 묻어주고 싶었다. 테리도 공원이 고향이잖아. 생후 한 달, 엄마도 없이 공원에 나타났었지. 나는 핸드폰을 꺼냈다.

"강쌤 마음은 알지만 그러면 공원이 완전 무덤이 돼요. 법을 지켜야 하는 우리가 계속 그렇게 할 수가 없잖아요. 불법인데."

나의 전화에 답한 동아리 회장인 과장님 말씀은 명백히 옳았다.

'그래. 계속 묻을 수는 없어.'

사물함에서 종량제봉투를 가지고 왔다. 테리를 다리부터 종량제봉투에 넣었다. 죽은 테리는 뻣뻣하게 굳은 말린 카펫 같았다. 20리터짜리 봉투가 약간 작았다. 굳어져서 잘 들어가지 않았지만 억지로 구겨 넣었다. 내가 해야만 한다. 누구도 도와줄 사람은 없으니까. 테리는 눈을 뜨고 있다. 겨우 봉투를 묶었으나 얼굴이 약간 보였다. 나는 그 종량제봉투를 다시 힘겹게 쇼핑백에 넣고 나서 터덜터덜 사무실을 향해 걸었다.

왜 이렇게 무겁지? 자꾸만 쇼핑백 멘 어깨가 처졌다. 테리는 작은 고양이인데. 공원에 있는 다른 고양이들보다 더 작았다. 6개월밖에 되지 않았고 중성화한 지 한 달도 되지 않았다. 사람을 그렇게도 좋아했지.

시청 건물 오른쪽 옆에는 청소 화물차들 주차 공간이 있다. 주차 공간 옆으로는 재활용품 창고가 있고 그 앞에는 쓰레기를 적재한 8톤짜리 화물트럭이 하나 있다. 천천히 나는 화물차 뒤편으로 다가갔다. 화물차 짐 칸에는 온갖 종류의 쓰레기가 가득 쌓여 있다. 다리 한쪽이 없는 의자, 부서진 책상, 말라비틀어진 꽃바구니들, 각종 잡동사니.

나는 다시 쇼핑백 속 테리의 눈을 보았다. 정지된 갈색 눈은 마치 세상을 원망하는 듯, 아니면 세상을 잊으려는 듯 먼 곳을 바라보는 것 같았다.

"테리야, 미안해. 인간 없는 고양이 별로 가렴."

더 할 말이 없었다. 나는 쇼핑백을 봉투째 힘껏, 쓰레기차를 향해 던졌다. 개냥이 테리는 쓰레기 더미 위로 올라가서 그 너머로 사라졌다.

◀ 공원에 처음 나타난 날
애기 테리

공원에 나타난 지 한 달쯤 ▶

공원에 적응한 테리 ▶
(3개월)

◀ 공원에서 애기 예치와 놀고 있는 테리

▲ 공원에 다시 돌아온 테리 (중성화 직후 6개월 때쯤)

[네 번째 이야기]

오드아이 아기 고양이는 왜 길을 헤맨 걸까?*

에너자이저 고양이

손가락으로 캐비닛 유리창을 천천히 쓰다듬는다. 5평 정도의 진료실에는 작은 유리창이 달린 캐비닛들이 벽에 붙여져 층층이 3층으로 쌓여 있다. 각각의 유리창으로 아픈 동물들이 보인다. 중앙의 2층 유리창 안에는 온몸이 하얀 털에 한쪽 눈은 노란색, 또 다른 한쪽 눈은 파란색의 작은 고양이가 힘없이 바닥에 누워 있다. 오드아이 로미는 고개를 들었다가 괴로운 듯, 다른 쪽으로 돌아눕는다.

"계속 보고 계시겠어요?"

수의사는 내게 묻는다. 나는 힘없이 고개를 끄덕인다.

그녀는 임시로 플라스틱 의자를 가져다주었다. 내 뒤에서는 다

* 오드아이 터키시 앙고라 '로미' 이야기는 아직 공원 고양이 두 마리가 우리 집에 오기 전 이야기로 다른 이야기보다 시기상으로 2년 정도 앞선다.

른 강아지가 치료를 위해 누워 있고 그 주변으로 수의사와 간호사가 서너 명이 둘러서 있다. 강아지는 소리를 지르고 수의사들은 서로 대화한다.

일주일 전 갑자기 로미가 밥을 잘 먹지 않았다. 다른 고양이라면 모르지만 로미에게는 있을 수 없는 일이었다. 로미는 보통 고양이들과는 달리 한자리에서 세 그릇 정도는 기본으로 먹는 고양이였다.

그날 저녁, 하늘이와 함께 동네 동물병원에 갔다. 로미는 이 병원만 다녔다. 중성화와 스케일링을 하러 몇 번 왔었다. 병원에만 와도 대부분의 고양이는 예민해져서 아무리 맛있는 것을 주어도 거부한다. 하지만 로미는 달랐다. 추르만 주면 그걸 먹느라고 바빠 아픈 것도 느끼지 못하는 것 같았다. 로미는 주사를 놓아도, 못 움직이게 잡아도 소리 한번 지르지 않았다.

수의사는 로미에게 각별한 애정을 보였다. 그는 30대 중반 정도였고 원래 잘 웃는 사람은 아니었다. 그렇지만 주사를 놓는데도 아랑곳없이 추르를 먹는 로미를 보면 너털웃음을 지었다. 이번에도 로미에게 추르를 먹이면서 혈액을 뽑고 엑스레이를 찍고 진찰했다.

혈액검사 결과는 정상이었다. 별다른 문제가 없었다. 단지 이상하게 백혈구 수치가 높다고 했다. 백혈구 수치가 높다는 것은 무언가에 맞서 백혈구가 싸우고 있다는 것을 의미한다. 엑스레이 검사를 하고 검사 결과를 기다렸다. 몇 분 후 수의사가 우리를 불렀다.

화면을 바라보며 그는 심각해져 있다. 그는 로미가 '심장 이상'으로 응급 상황이라고 했다. 로미의 가슴 부분이 부풀어 있고 액체로 추정되는 무언가로 가득해 보인다고 했다. 지금 바로 큰 동물병원으로 가야 한다고 한다. 시계는 저녁 9시를 가리키고 있었다. 단지 밥을 잘 먹지 않아 로미를 데리고 왔기 때문에 우리는 이 상황을 이해하지 못했다. 의아한 표정으로 앉아 있는 나와 하늘이에게 일단 모든 서류를 온라인으로 보내 놓을 테니 바로 가라고, 어쩌면 가는 도중에도 죽을 수도 있다고 했다.

서둘러 로미를 데리고 2차 동물병원으로 갔다. 2차 동물병원은 동네병원에서 진단서를 써주어야만 갈 수 있는 곳으로 종합병원급이다. 장비나 인력이 훨씬 더 많고 24시간 근무하는 곳이다. 그만큼 중증인 동물만이 가는 곳이었다.

한 시간 후 병원에 도착했다. 들어가자마자 로미는 바로 2층의 검사실로 올라갔다. 우리는 1층 접수실에서 세 시간 이상 기다렸다. 퇴근한 후 바로 왔기 때문에 저녁도 먹지 않았다. 아무것도 먹고 싶지 않았지만, 근처 편의점에서 빵과 우유를 사 왔다.

드디어 의사가 호출했다. 수의사는 화면을 보여주며 설명을 시작했다. 로미의 심장을 둘러싸고 있는 심낭(심장을 둘러싸고 있는 막)에 물이 차 있어서 그걸 빼고 있고 각종 검사를 진행하고 있으니 일단 오늘은 로미를 두고 집에 가라고 했다. 의사는 실린더에 담겨 있는 심낭수를 보여주었다. 혈액과 물이 섞여 짙은 분홍색이었다. 갑자기 왜? 알 수 없었다. 시계는 이미 새벽 2시를 가리키고 있다. 우리는 로미를 두고 무거운 마음으로 집으로 돌아왔다.

2년 전, 늦은 퇴근 시간, 지하 주차장에 차를 주차했다. 엘리베이터 현관을 열기 위해 통로로 들어서는 순간 어디선가 "양" 하는 날카롭고 큰 소리가 났다. 약간은 비명에 가까운 소리에 주위를 둘러보았지만, 그 소리를 낸 형체는 보이지 않았다. 이상하다고 생각하며 발걸음을 돌리려는데 또 한 번 같은 소리가 났다. 돌아보니 기둥 뒤에 무언가가 있었다. 아기 고양이라고 하기엔 조금 크고 어른 고양이라고 하기엔 작은 크기의 고양이였다. 털은 거의 회색빛이었는데, 어디선가 엄청나게 굴렀는지 지저분했다.

'얼마나 배가 고팠으면 모르는 사람에게 이렇게 큰소리로 비명을 질렀을까?'

나는 가방 속의 캔을 꺼냈다. 나는 길고양이를 만나면 주려고 항상 캔을 가지고 다녔다. 캔을 주자 엄청난 속도로 먹어 치웠다. 순식간에 바닥이 보였다. 캔을 한 개 더 주었다. 보통 고양이들은 음식을 한꺼번에 많이 먹지 않는다. 조금씩 하루에 10번 이상 음식을 나눠 먹는다. 하지만, 이 고양이는 며칠을 굶었는지 캔 두 개를 먹고도 움직이지 않았다. 계속 기둥 뒤에 있다.

더 달라고 하는 걸까?

지하 주차장이 아니었다면 난 밥만 주고 갔을 것이다. 주차장은 1,000세대 단지 전체의 지하로 통해 있다. 나도 이곳에서 출구를 찾기 위해 헤맨 적이 여러 번 있다. 이곳에서 나가려면 이 작은 고양이는 며칠을 헤매야 할지 모른다. 나는 지하 주차장에서 내보내서 아파트 단지 화단에라도 놓아주고 싶었다. 하지만 안타까운 내 맘과는 달리 고양이는 불러도 경계하며 다가오지 않았다.

시간이 흘러갔다. 우리 집에서는 시댁 사람들과 가족들이 나를 기다리고 있었다. 그날은 시아버지의 기일이었다. 어머님이 제사를 지내러 음식을 만들어오셨다. 나는 일찍 들어가야 했지만 예기치 않게 일이 늦어 이제 온 것이다. 시간은 이미 9시를 넘겼다. 더는 지체할 수가 없었다. 고양이를 외면하고 집으로 갔다.

제사상이 차려져 있다. 나는 두 딸, 하늘과 바다에게 지하 주차장에 아기 고양이가 있다고 말했더니 어떻게 그냥 왔느냐며 내려가 보자고 했다. 이미 15분이 지나 있었다. 충분히 고양이가 사라지고도 남을 시간이었다. 하지만 고양이는 아직도 기둥 뒤에 숨어 있다. 바다가 다시 올라가서 고양이 캐리어를 가지고 왔다. 세 번째 캔을 캐리어 안에 넣자, 고양이는 망설임 없이 캐리어 안으로 들어갔다. 그리고 세 번째 캔을 먹어 치웠다. 우리는 그사이에 캐리어를 잠그고 고양이를 집으로 데려올 수 있었다.

제사를 마치고 시댁 식구들이 가고 나서야 우리는 고양이가 오드아이라는 것을 알았다. 고양이는 종이상자 안에서 잠들었다. 고양이들은 경계심이 심해서 환경이 바뀌면 극도로 예민한 상태가 된다. 하지만, 이 고양이는 집에 데려온 지 얼마 되지 않아 골골거리며 잠들었다. 그동안 길거리에서 얼마나 고생을 한 걸까?

다음 날 하늘이와 바다가 고양이를 데리고 가까운 동물병원에 갔다. 진찰한 수의사는 고양이가 건강하다고 했다. 그리고 또 이 오드아이 고양이가 어쩌면 터키시앙고라(터키 앙카라에서 기원한 고양이)라는 품종의 고양이일지도 모른다고 했다. 인터넷에

"터키시앙고라"라는 고양이를 검색하여 보니 생긴 게 거의 비슷했다. 우리는 이 오드아이 고양이의 이름을 '로미'라고 지었다.

로미는 두 달 만에 새하얀 색깔을 되찾았다. 하얀 털은 구름을 만지는 것처럼 부드러웠다. 터키시앙고라라는 품종의 고양이가 분명했다.

나는 로미를 다른 사람들에게 입양시키려 했다. 우리 집에 있던, 평범한 세 마리의 길고양이 출신, 턱시도 루이, 갈색 태비 라온, 삼색 새온과는 달리 로미는 오드아이 터키시앙고라라서 원하는 사람들이 많았다. 로미를 위해서 다묘 가정인 우리 집보다는 충분히 사랑받을 수 있는, 고양이가 없는 가정에서 키우기를 원했다.

하지만 로미는 외모만큼이나 특별한 고양이였다. 데려오자마자 골골송(고양이들이 편안한 상태가 되면 배에서 나는 골골하는 소리)을 부르는 것은 물론 우리가 거실에 앉아 있으면 무릎에 올라왔다. 게다가 로미는 인간뿐만 아니라 고양이들도 좋아해서 항상 다른 고양이에게 다가갔다.

이 특별한 고양이가 한 가지 못하는 것은 하악질(위협하거나 방어할 때 내는 하악하는 소리)이었다. 어느 순간부터 루이, 라온, 새온은 서로 하악질을 하며 싸웠고 우리가 조금 심한 장난을 치면 우리에게도 하악질을 했다. 하지만 로미는 단 한 번도 하악질을 해본 적이 없다. 로미가 같이 있고 싶어서 다가가면 다른 고양이들은 하악질을 하면서 로미를 쫓아냈다. 그래도 로미는 실망하지 않았다. 이 낙천적인 고양이는 항상 생기발랄하였다. 인간이든 고양이든 항상 다가갔다.

더구나 로미는 혼자 놀 줄 아는 고양이였다. 고양이 장난감을 사주면 혼자서 몇 시간이고 가지고 놀았다. 로미는 에너지가 넘쳐나서 주체할 줄 모르는 것 같았다. 우리는 로미를 '에너자이저'라고 불렀다. 로미는 곧 우리 집의 귀염둥이 막내 고양이가 되었다.

처음에 로미는 다른 아이들의 영역을 피해 거실에서 생활했다. 누구라도 거실에 나오면 로미는 다리에 머리를 비비었다. 그러다가 하늘이가 지극정성으로 돌보자, 하늘이 방으로 들어갔다. 원래 하늘이 방에 살던 새온이는 바다 방으로 옮겨갔다. 그렇게 하늘이와 로미는 지난 2년간 룸메이트였다.

로미가 어떻게 길고양이가 된 것인지는 모른다. 품종 고양이라 길에서 태어났을 리는 없을 테지만, 버려진 것인지, 길을 잃은 것인지 알 수 없었다. 우리가 아는 것은 단지 로미가 발견될 당시 삼 개월쯤 된 어린 고양이였다는 것과 터키시앙고라 고양이라서 오드아이이고 하얀 털이 짙은 회색이 될 정도로 오랫동안 길 생활을 했던 것 같다는 것뿐이었다.

고로미? 강로미!

"로미는 진짜 무서운 게 하나도 없어. 하하."

우리는 청소기를 돌려도 바라보고만 있는 로미를 보고 자주 웃었다. 고양이들은 예민해서 조그만 소리에도 잘 놀란다. 자다가도 택배가 오거나 핸드폰이 울리면 후다닥 도망간다. 특히 청소기를 제일 무서워했다. 청소기를 돌리면 다른 고양이들은 각자 자신이 가장 안전하다고 생각하는 공간으로 내달렸다. 라온이와 새온이는 장롱 위로, 루이는 이불 속으로 말이다.

로미는 원래 무서운 게 없었다. 전에 친구네 강아지가 왔을 때도 다른 고양이들은 혼비백산해서 도망갔는데 로미는 평화로웠다. 잘 뛰어다니고 무서운 것도 없고 사람들과 고양이들도 잘 따라다녀서 로미는 강아지 같았다.

나는 고양이들의 성이 나의 가족이니까 당연히 '강'이라고 생각했다. 그래서 가끔 "강로미" 이렇게 부르기도 했다. 하지만 남편 민혁의 생각은 달랐다. 한자 사전에도 없는 고양이 '고'자를 붙여 라온이에게 고라온이라고 불렀다.

"꼬라온, 이리 와. 놀자."

민혁은 안방에 사는 새침한 라온이를 제일 좋아했다. 재미있어 보여서 나도 로미에게 고 씨를 붙여 불러봤다.

"고로미?"

진짜 이상했다.

"강로미!"

고양이 '고'도 있으니 강아지 '강'도 있지 않겠어? 로미는 원래부터 강씨가 잘 어울렸다. 그래서 개냥이인 루이와 로미는 강루이, 강로미가 되고 새침한 고양이인 라온이와 새온이는 고라온, 고새온이 되었다. 라온, 루이는 쌍둥이 형제였지만 성격과 외모가 달라 성이 달라졌다.

로미는 루이, 라온, 새온 세 마리의 고양이들이 온 지 2년이 지난 후에야 왔기 때문에 처음에는 고양이들 사이에서 받아들여지지 않았다. 하지만 고양이를 좋아하는 로미는 세 고양이에게 계속 다가갔다. 라온, 새온은 끝까지 경계했으나, 루이는 받아주었다. 강루이, 강로미는 서로 털도 핥아주고 같이 자기도 했다. 루이가 두 살 많았고 몸집도 훨씬 커서 부자 같기도 하고 형제 같기도 했다. 세트처럼 로미는 루이를 항상 따라다녔다.

"예후(회복에 관한 예측, 기대수명)는 2주 정도로 봅니다."

로미는 이제 갓 세 살밖에 되지 않았다. 커다란 컴퓨터 모니터에는 각종 그래프와 수치들이 어지럽게 떠 있다. 2차 병원 수의사는 지금까지 한 검사로도 어떤 병이라고 단정 지을 수 없다. 하지만 심낭수(심장을 둘러싼 주머니에 혈액과 물이 차서 심장을 둘러싸고 있는 현상)가 나온다는 것은 아주 치명적인 것으로 고양이 복막염, 심장병, 림프샘 종양 중 하나일 수 있으며 아니면 특발성(원인을 모르거나 아직 밝혀지지 않은 질병, 본태성과 동의어로 쓰임)일 수도 있다고 한다. 그리고 이 중 그 어떤 것이라고 하더라도 고양이에겐 치명적이고 치료할 방법은 없다고 했다. 망연자실한 우리의 얼굴을 바라보며 그는 천천히 말했다.

"여기 있어도 해줄 것은 없습니다. 데려가셔서 집에서 같이 남은 시간을 보내는 것이 좋을 것 같습니다."

하늘이의 눈은 초점이 없이 허공에 있었다. 나는 고개를 돌려 수의사를 바라보았다.

"무슨 병인지 모른다면서요? 원인을 알아내야 치료하든지 말든지 하는 거 아닌가요?"

수의사는 지금까지 검사를 했어도 원인을 알아내지 못했다면 앞으로도 그럴 수 있고, 이미 예후가 불량해 병명을 아는 것이 의미 없을 수 있다고 말했다.

우리는 사형선고를 받은 것과 마찬가지였다. 돌아오는 한 시간 동안 아무런 말도 할 수 없었다. 종합해 보면 많은 검사를 해도 원인을 알 수 없지만 어쨌든 치명적인 병을 앓고 있고 그래서 병원에서는 그냥 항생제만을 처방해 준다는 말이었다. 접수대에서는 의학 전문용어와 영어로 적힌 23개 세부 내역 청구서와 이백만 원이 넘게 찍힌 영수증, 그리고 항생제를 봉투에 함께 넣어주었다.

흐르는 눈물을 닦고 우리는 고양이 병에 대한 모든 것을 검색하기 시작했다. 정보가 거의 없었다. 인간에 대한 의학도 이제야 진보하고 있었다. 그러니 동물에 대한 의학은 아직 밝혀진 것이 미미했다. 더더군다나 개도 아니고 고양이에 대한 것은 정말 너무나 보잘것없었다.

우리 집에서는 로미를 포함해 총 4마리의 고양이를 키우고 있다. 그래서 이런저런 이유로 동물병원에 많이 갔었다. 2년 전에 결막염에 걸린 루이를 데리고 동물병원에 갔을 때 준 안약도 사람들이 쓰는 안약을 그대로 주었다. 포장도 뜯지 않은 채였다.

라온이가 삼 년째 쓰고 있는 천식 흡입기도 마찬가지다. 언젠가 드라마에서 천식 흡입기를 쓰는 사람을 보고 깜짝 놀랐다. 천식에 걸린 라온이가 쓰는 것과 똑같았기 때문이다. 알고 보니 원래 사람용이라 사람들이 병원에 가서 처방받으면 의료보험이 적용된다. 하지만 똑같은 약이라도 동물이 처방받으면 의료보험이 적용되지 않아 70~80% 비싸다. 이번에 로미에게 준 항생제도 사람용인데 삼 분의 일만 쪼개어 먹이라고 처방해 준 것이었다.

우리 집에서는 고양이에게 성을 붙여 부르며 인간 취급을 했는데 동물의학계에서는 이미 오래전부터 고양이를 '인간'으로 보고 있었다.

복막염이면 좋겠어

"복막염이면 좋겠어."

하늘이의 목소리는 완전히 풀이 죽어 있다. 병원에서는 심장병, 혈액암, 복막염, 세 가지 가능성을 말했다. 이 세 가지는 모두 치명적인 것으로 치료 방법은 없다.

하지만 하늘이는 인터넷으로 고양이카페라는 카페는 다 뒤진 끝에 신약에 대한 정보를 찾았다. 최근에 고양이 복막염에 대한 신약이 발명되었다. 고양이 복막염은 치사율 100퍼센트의 병이다. 그동안 이 병에 걸리면 심장병, 혈액암처럼 방법이 없었다.

하지만 인터넷에서는 이제 신약에 대한 발명으로 복막염이라면 3개월의 치료 기간을 거쳐 살 수 있는 확률이 70% 정도 된다고 하였다. 임상실험 중인 약이고 인터넷에서만 암묵적으로 유통되기 때문에 보호자가 직접 주사나 약으로 치료해야 한다. 유통되는 약들은 3개월분에 600만 원 정도였다. 어마어마한 가격이었지만 복막염이라면 할 수 있는 방법은 이것뿐이었다.

마침, 내겐 유럽 여행자금 적금이 만기가 되어 있었다. 아직 유럽을 가보지 못해 직장 동료와 5년이나 모은 돈이었다. 그러나 유럽 여행은 나중에라도 갈 수 있지만 로미는 지금이 아니면 기회가 없다.

나는 2차 병원에서도 원인을 못 찾았기 때문에 로미가 갑자기 원인도 없이 밥도 잘 먹고 뛰어다닐 수 있지 않을까 생각했지만 그런 일은 일어나지 않았다. 로미는 계속 힘없이 누워 있었고 밥도 먹지 않았다.

그다음 날 동네병원에 갔다. 수의사가 한번 와보라고 전화가 왔었다. 어떻게 하면 좋을지 상의해 보았으나 수의사도 이런 경우는 처음이라며 난감해했다. 신약은 권장 사항이 아니라고 했다. 아직 정상적으로 거래도 되지 않아 병원에서 취급도 할 수 없을 뿐만 아니라 인터넷에 유통되는 약들을 믿을 수도 없다고 했다. 더군다나 로미는 복막염 징후가 전혀 보이지 않고 있었다. 복막염의 가장 큰 징후는 열이 나는 것이다. 심장병 가능성은 적다고 하였고 로미는 림프선 종양과 복막염 이 두 가지가 가장 높은 경우의 수였다.

수의사는 엑스레이를 찍어보더니 또다시 심낭수가 찼다고 했다. 이렇게 심낭수가 차면 호흡곤란이 오고 어느 순간 심장이 멈출 수 있다. 하지만 심낭수를 빼는 것조차 어려운 일이었다. 심장을 둘러싼 막에 혈액이 고인 거라서 심장 가까이 주삿바늘을 꽂아 빼내야 했다. 의사는 힘겹고 로미에게는 엄청나게 고통스러운 일이었다. 2차 병원에서 90㏄를 빼냈지만, 또 조금씩 차고 있는 중이었다.

그래도 로미를 좋아한 의사는 만일을 대비해 병원 전화번호가 아닌 본인의 개인 핸드폰 번호를 알려주었다. 응급상황이 되면 전화하라고 했다. 우리는 로미를 담요로 감싸안은 채 힘없이 집으로 돌아왔다.

진료 결과를 알려드립니다

'아기 고양이네. 여기서 털 고르기를 하네?'

사무실 건물 공터 구석진 곳에 작은 고양이가 한 마리 있다. 1킬로그램도 안 될 것 같은 작은 몸집에 노랑과 갈색을 섞은 태비다. 추운 날씨였는데도 뒷다리를 한껏 치켜든 고양이 특유의 요가 자세로 앉아 있다. 겨울이지만 오후라서 햇볕이 잔디를 비춘다. 한 달 정도 되었다면 내가 밥을 주기 시작한 이후다. 어떻게 알고 온 걸까?

두 달 전부터 사무실 건물 뒤편 공터에 길고양이들이 자주 보였다. 누가 밥을 주는 것 같지는 않았다. 나는 나무로 된 급식시설과 밥그릇, 물그릇도 샀다.

"엄마, 그냥 우리 신약 사자. 한번 먹여 보자. 빨리 먹일수록 효과가 있대."

우리는 다급해졌다. 병원에서 말한 것이 맞는다면, 정말 2주밖에 남지 않았다면 벌써 며칠이 지났다. 만약 림프종, 심장병이 아닌 복막염이라면 신약으로 새 생명을 얻을 수도 있다. 인터넷에서는 복막염이 치유된 고양이들의 동영상이 떠다니고 있다.

하지만 복막염이 아니라면? 복막염인지 알 수 있는 검사를 대학병원에 의뢰했으나 1주일 이상 걸린다고 한다. 그나마도 정확하지는 않아서 양성으로 나왔다고 해도 100% 믿을 수는 없다.

도대체 인간이 고양이에 대해서 아는 것이 없었다. 몇천 년이나 반려동물로 살아왔는데 이렇게나 홀대하다니 인간의 무관심과 이기심에 분노를 넘어 허탈함이 몰려왔다.

"복막염 아니면 어떡해."

나는 복막염인지 아닌지도 모르는 상황에서 많은 돈을 쓰고 싶지 않았다.

"근데 복막염일 수도 있잖아. 그리고 아니어도 부작용은 없대."

지푸라기라도 잡고 싶은 하늘이의 심정을 어떻게 모를 수 있을까? 정말 고양이 카페에서 불법적으로 파는 그 신약을 믿는 것밖에는 우리가 할 수 있는 것이 아무것도 없는 건가?

항상 발랄했던 하늘이의 어깨가 축 처졌다. 어쩌면 로미가 신약을 먹고 나을 수도 있다. 우리는 희망을 품었다. 우리는 최선을 다해야 한다. 일단 1주일 치를 인터넷으로 사고 퀵서비스로 받았다. 한 시간이 아까웠다. 인터넷에서 주문하자 세 시간 만에 약이 배달됐다.

그런데 문제는 또 있었다. 원래 신약은 주사로 만들어졌지만, 이 주사가 엄청 아파서 간호사도 아닌 우리가 직접 놓기가 쉽지 않다고 한다. 경구용 알약이 있기는 했다. 그래서 우리는 알약을 샀는데 몸무게 1킬로그램마다 한 알씩 먹이는 것이었다. 로미는 5킬로그램이 조금 못 되었다. 그렇다면 총 5개를 먹어야 한다.

아기들도 약을 싫어하는 것처럼 고양이들도 당연히 싫어한다. 강제로 먹여야 한다. 얼굴을 잡고 목구멍을 벌려 알약을 목 깊숙이 넣어야 한다. 그래야 뱉지 못한다. 한 번이라면 어떻게 가능할지 몰라도 5번을 해야 한다는 것이다. 말이 안 통하기 때문에 강제로 할 수밖에 없다.

사실 라온이도 3년 전 천식에 걸렸을 때부터 천식 흡입기를 강제 분무하고 있다. 그걸 할 때마다 라온이는 어떻게든 피하려 했고 수많은 실패와 도전 끝에 우리는 나름대로 전략을 세워서 하고 있었다. 주 전략은 갑자기 하기다. 미처 대응하지 못할 때 흡입기를 씌우는 것이다. 그럴 때마다 과연 고양이가 이 상황을 어떻게 이해할까 생각하곤 했다. 무슨 장난, 아니면 고문이라도 한다고 생각할까?

우린 약이라는 것을 설명해 줄 수 없어서 미안했다. 게다가 로미는 항생제와 이뇨제를 아침에 3개 먹여야 했고 밤에는 신약 5개를 먹여야 했다. 하루, 총 8번의 강제 약 투여를 해야 했다.

"엄마, 로미가 나 싫어하면 어떡하지?"

"아냐. 애기들도 엄마 싫어하지 않잖아. 엄마가 약 먹여도 애기들은 안 싫어해."

나는 하늘이를 위로했다. 나는 항상 늦게 퇴근하기 때문에 대학생인 하늘이가 약 먹이는 것을 전담하고 있었다.

"하지만 고양이들은 약이라는 것도 모르잖아."

하늘이는 몸도 마음도 녹초가 되었다. 로미도 진이 빠지고 지쳤다. 로미는 약 먹이는 것을 피해 옷장 안으로 숨었다. 하늘이는 옷을 치우고 옷장 안에 담요를 깔아주었다.

월요일, 출근하려다가 하늘이 방으로 갔다. 로미는 옷장 서랍에서 자고 있었는데 앞발을 내밀고 있었다. 힘이 완전히 빠진 것 같은 모습이었다.

오전에 전화가 왔다. 로미가 침을 흘리고 힘들게 호흡한다는 것이다. 응급 상황이었다. 마침 동네 병원은 쉬는 날이었다. 2차 병원에 전화했더니 가까운 24시 병원으로 가라고 한다.

하늘이는 나의 회사 근처 병원으로 택시를 타고 왔다. 병원에서는 응급처치랄 것도 없이 그냥 산소방(산소가 나오는 입원실)에 넣어주었다. 로미는 힘들게 호흡하고 있다. 병원에서는 이미 로미가 '죽음의 과정'에 있다고 말했다.

오후 3시, 하늘이와 나는 로미의 캐비닛 유리창 앞에 앉아 있다. 아무 말도 하지 못한 채, 눈물만이 흘러내렸다.

"엄마, 작별 인사해."

나는 차마 말이 나오지 않았다. 울먹이는 소리로 하늘이는 인사했다. 우리는 얼마 남지 않은 로미의 삶이 더 이상 고통스럽지 않기를 바랐다. 갑작스러웠지만 슬프게도 이제 보내줄 때였다.

"이제 주사 놓겠습니다."

안락사를 위한 주사가 로미에게 놓아졌다. 로미는 하늘이에게 안긴 채 숨을 멈췄다. 그날 밤 동물 장례식장에서 로미의 화장한 뼛가루를 담은 작은 함을 받아왔다. 함은 가지고 있다가 마음의 준비가 되면 자연으로 돌려보내라고 했다. 나무 밑에 묻어도 되고 아니면 어딘가에 뿌려도 된다고 했다. 병원에서 말한 2주일에서 반밖에 채우지 못한 채 로미는 고양이 별로 갔다.

동네병원 수의사는 소식을 듣더니 핸드폰으로 전화하지 않았다고 서운해했다. 너무 정신이 없어서 병원 휴일이라는 것만 생각했을 뿐 개인 핸드폰으로 연락한다고 생각하지 못했다. 내가 보내준 로미의 장례식 사진에 수의사는 답장을 보내주었다.

「로미야, 선생님이 더 살게 해주지 못해 미안해. 마음이 천사라서 일찍 하늘나라로 갔나 보다. 엄마 맘에도 쌤 마음에도 우리 로미는 항상 살아 있을 거야. 아픔 없는 하늘나라에서 잘 지내.」

고양이에게 조금 더 친절한 어떤 나라에서는 집에서 키우는 고양이들도 밖으로 외출도 나가고 친구도 만난다고 한다. 이렇게 위험한 세상이 아니었다면 더 많은 것을 보았을 텐데 나는 어린 로미에게 자연을, 세상을 보여주지 못한 것이 안타까웠다.

다른 고양이들도 말은 하지 못하지만 무언가 불안해 보였다. 나는 잠을 못 이루고 거실을 서성거렸다. 로미의 함 옆에 분홍색 편지가 있다. 늦게까지 하늘이 방의 불은 꺼지지 않았었다.

'우리 집 너무 예쁜 막내 로미에게'로 시작하는 글이었다. 작은 글씨로 A4 두 장을 꽉 채웠다. 삼 개월 때 지하 주차장에서 발견되어 우리 집에 와서 3년을 살고 고양이 별로 떠나기까지의 기간은 짧았다. 더구나 하늘이는 지난해 1년 동안 어학연수와 워킹홀리데이로 호주에 가 있었기 때문에 더욱 아쉬웠을 것이다.

「약 먹여서 미안해. 로미야. 병원에서 누나 보고 동공이 커졌을 때 그때 누나 알아본 거지? 누나가 대신 아파주지 못해 미안해. 그 조그마한 몸으로 얼마나 힘들었을까?.......」

이층 침대에는 세 마리의 고양이들 사이로 하늘이가 다리를 구부리고 자고 있다. 하늘이는 로미가 떠난 다음 날부터 바다 방 이층침대에서 자기 시작했다. 바다 방에는 세 살 때 언니와 함께 쓰라고 산 이층침대가 놓여 있다. 사실 1, 2층에서 잔 기간은 몇 년 되지 않았다. 하늘이가 중학생이 되면서 방 세 칸짜리로 이사 온 이후부터는 각자 자기 방에서 잤기 때문이다.

하지만 고양이들이 이층을 쓰기 시작하면서 이층 침대는 다시 제 기능을 했다. 1층에서는 바다가 자고 2층은 고양이들의 놀이터로, 쉼터로 그리고 고양이 침대로 쓰였다.

하늘이는 아직 로미와 함께 있던 방에 혼자 있기가 힘든 것 같았다. 이층 침대의 매트리스는 너무 오래되어 불편해 보였다. 나는 새 매트리스를 주문했다.

며칠 후 퇴근길에, 동물병원에서 핸드폰 메시지 하나가 날아왔다.

「진료 결과를 알려드립니다. 고양이 복막염 검사 결과
: 음성」

그리고 현관 앞에는 하늘이가 로미를 위해 산 환자식 고양이 캔들과 고양이 영양제 택배가 뒤늦게 쌓여 있었다.

"엄마, 어디 가?"

휴일이면 항상 늦잠 자던 나에게 하늘이가 묻는다.

"미카 보러 간다. 얼마나 예쁜지 모를걸?"

일요일 아침 나는 고양이 캔과 미지근한 물, 그리고 사료를 챙겨서 집을 나선다. 이제 나는 평일뿐만 아니라 주말, 공휴일에도 출근할 이유가 생겼다.

아기 고양이는 시청 공터 급식 터에 혼자서 살고 있었다. 나는 '미카'라고 이름을 붙였다. 어젯밤 영하 7도라고 해서 걱정이 되었다. 길고양이 겨울 집(플라스틱 통에 스티로폼 박스를 넣어 만든 상품)을 인터넷으로 주문했지만, 월요일이나 돼야 올 것이다.

"어, 벌써 오셨네요? 엄마가 늦었네. 하하"

시청으로 나처럼 매일 출근하는 흰 바탕에 검은색 점박이 루키가 이미 나를 기다리고 있다. 밥을 주고 주위를 둘러보아도 미카는 없다. 나는 소리를 지른다.

"미카, 어딨니?"

내 목소리에 A4박스에서 무언가 고개를 빼꼼 내밀었다. 휴! 다행이다. 미카다.

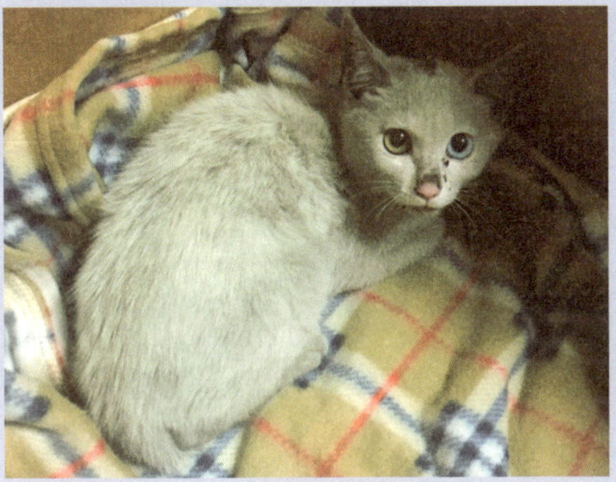

▲ 처음 우리 집에 온 날
(생후 2-3개월쯤?)

▼ 로미는 구름처럼 새하얀 털이었다. (집에 온 지 두 달 후)

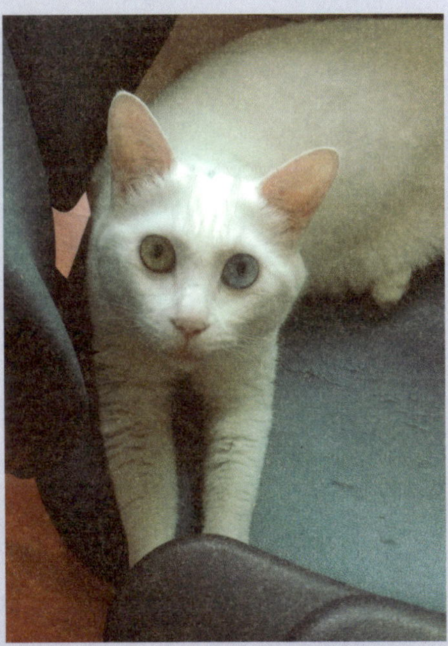

▲ 라온이와 로미
(로미는 다 컸어도 원래
체구가 작았다)

모자 쓴 로미 ▶

▲ 우리 집의 막내였던 로미

[다섯 번째 이야기]

파양 당한 고양이, 다섯 마리의 친구 고양이들을 만나다

강치 아저씨, 고마워요!

"아직도 통 덫에 안 들어갔어요?"

강치 아저씨가 물었다.

"아, 네. 아직도요."

금요일 오후 8시, 우리는 지쳐 있다. 아침 7시부터 공원에 통 덫을 설치해서 저녁 8시, 벌써 13시간이 지났다.

"강치를 입양하고 싶어요."

"진짜 잘됐어요. 강치 개냥이니까 집에 가서도 잘 지낼 거예요."

재선님이 결심했다. 난 너무 기뻐서 어쩔 줄을 몰랐다. 8개월 된 공원 고양이 강치가 입양을 간다. 공원 고양이 중성화 날, 만난 재선님은 한 달째 캣맘을 하고 있었다. 매일 사료를 주고도 두 시간씩 공원에서 고양이를 관찰했다. 결국 개냥이인 강치가 그녀를 알아보고 따랐다. 강치는 재선님이 사료를 주고 있으면 와서 머리를 쿵 박는다고 했다. 머리를 박는 것은 믿는다는 친근감의 표시였다.

캣맘이나 캣대디들은 고양이나 강아지를 집에서 키우고 있던 사람들이 대부분이다. 집에서 고양이를 키우다 보면 길에 사는 불쌍한 고양이들이 눈에 들어오게 된다. 하지만 단톡방에 있는 다섯 명 중 유일하게 재선님은 고양이는 물론 강아지도 키워보지 않았다고 한다. 그런 과정 없이도 캣맘 활동을 열심히 하다니, 나는 그녀가 너무 착해서 그럴까 하고 생각했다.

'이런 재선님이 고양이를 입양한다면 얼마나 잘해줄까?'

하지만 엄청난 책임감이 따르는 문제라 나는 먼저 말을 못 했다. 그런데 며칠 전 내 맘을 읽기라도 한 것처럼 재선님이 말을 꺼낸 것이다. 강치는 개냥이라 공원에 있으면 위험하기도 해서 우선적으로 집에 보내야 했는데 재선님이 입양하겠다니 우리는 너무 기뻤다. 어쨌든 한 달밖에 되지 않았더라도 캣맘이지 않은가. 캣맘이라서 우리들은 더욱더 마음이 놓였다.

[아침 일찍 나오는 게 어때요? 그러면 더 잘 잡힐 것 같은데]

지은님이었다. 한 달 전 중성화할 때 강치는 일곱 마리 중 마지막으로 잡혔다. 이번엔 더욱더 힘들 것이다. 이미 강치는 한 달 전 통 덫에 잡혀 중성화까지 한 경험을 가지고 있으니까.

아침에 일어나자마자 통 덫을 설치하면 잡기 쉽지 않을까? 아직 정신이 들지 않았을 때 밥을 주면 바로 들어갈 수도 있다. 가끔 강치가 놀러 나가서 공원에 없을 때도 있었기 때문에 아침 일찍 가면 더 잡을 확률이 있다고 우리는 생각했다.

지은님, 선영님, 입양하기로 한 재선님, 그리고 나까지 모두 아침 7시에 만나기로 했다. 나는 졸린 눈을 비비며 공원에 들어섰다. 평소 출근 시간이 9시였기 때문에 두 시간이나 이른 시각이었다. 이미 선영님이 도착해서 장난감을 열심히 흔들고 있다. 강치는 바로 앞에 있다. 장난감에는 호기심을 보여서 곁을 떠나지 않았지만 바로 옆 통 덫 근처로는 가지 않았다. 똑똑하게도 강치는 통 덫을 기억하는 듯했다. 아침 내내 장난감을 흔들었지만, 강치를 잡지 못했다. 점심시간에도 실패했다. 퇴근 후에도 저녁 8시가 넘도록 강치는 장난감만 물고 몇 번을 도망쳤을 뿐이었다.

그 힘든 입양자가 나타난다 해도 잡지 못하면 입양할 수가 없다. 성묘에게 입양의 기회는 어려운 일이기에 이번에 재선님이 아니라면 강치에게는 더 이상의 기회는 없을 터였다.

'결국 못 잡는 것인가.'

우리는 지쳐가고 있었다. 그때 강치 아저씨가 나타났다. 아까 우리가 강치를 잡으려고 애쓰는 것을 지켜보다가 집 쪽으로 사라졌었다. 다시 나타난 그는 손에 무언가를 들고 있다. 낚시터에서 커다란 물고기를 잡을 때 쓰는 뜰채 같았다. 철사로 만든 동그란 원형 틀에 촘촘한 녹색 망 주머니가 달려 있고 손잡이가 있다.

'저런 뜰채는 금방 뚫고 나올걸? 소용없을 텐데.'

강치는 힘이 셌다. 한 달 전 중성화할 때도 통 덫에 들어가지 않아서 강치 아저씨가 맨손으로 잡으려다 놓친 경험이 있다. 강치 아저씨는 30대 초반으로 보이는 젊은 남자다. 그런데도 강치는 힘으로 빠져나갔다. 녹색 망은 약해 보였다. 물고기용이라 고양이 발톱이라면 금방 찢어질 듯했다.

공원은 가로등이 군데군데 켜져 있었지만 어두웠다. 강치 아저씨는 화단 경계석에 앉아 추르를 자기 발밑에 조금씩 짜놓았다. 강치가 그를 알아보고 다가왔다. 이내 고개를 숙여 추르를 핥았다. 아저씨와 강치 사이의 거리는 10센티미터 정도밖에 되지 않았다. 강치는 그의 무릎 안에 거의 들어와 있다. 그는 두 손으로 뜰채를 잡고 강치 머리 근처에서 올렸다가 내렸다가 했다.

순간, 강치 아저씨가 뜰채를 위에서부터 아래로 강치의 머리부터 몸에 씌웠다. 그는 온몸으로 뜰채를 감싸안았다. 강치가 요동을 치는 것 같았다. 몇 미터 근처에 있던 나는 통 덫을 가지고 달려갔다. 강치 아저씨는 온 힘을 다해 가까스로 통 덫에 강치를 밀어 넣었다. 나도 정신없이 통 덫의 문을 내리고 잠갔다.

"진짜 집힌 거에요?"

나는 허리를 숙여 통 덫의 투명 플라스틱 문으로 노란색 강치의 당황한 눈을 확인했다. 성공이다!

"감사해요. 진짜 믿어지지 않아요. 정말 고마워요."

지은님과 선영님도 강치 아저씨에게 고맙다고 외쳤다. 그는 약간 긴 갈색 머리카락을 흔들며 겸연쩍은 웃음을 지었다. 그는 집에 가고 나와 지은님이 강치가 들어 있는 통 덫을 들고 재선님의 집으로 갔다. 바로 공원 앞이라 엘리베이터를 타고 6층으로 올라갔다.

"너무 기뻐요. 강치가 드디어 입양 가다니."

지은님의 목소리에서부터 흥분이 느껴졌다. 나도 웃음을 주체할 수 없다. 그러나 스치듯이 바라본, 입양하기로 한 재선님의 얼굴은 이상하게도 어두워 보였다. 밤이라서 그런 건가? 열네 시간만에 잡았기 때문에 너무 피곤해서 기쁨을 느낄 여유가 없는 뭐, 그런 걸까? 하지만 지금 가장 기쁜 순간일 텐데?

재선님은 무언가 걱정스러워 보였다. 처음이라 그런 걸까? 원래 처음은 다 힘든 법이지. 원했던 것이라 하더라도 막상 다가오면 힘들 수 있다. 처음은 처음이라서 익숙하지 않아서, 항상 어려운 거니까. 나는 고개를 끄덕였다.

"강치, 처음 집에 가는 거라서 1, 2주 동안은 숨어서 안 나올 수 있어요. 고양이들은 원래 이사 가도 숨거든요. 한동안 안 나올 거예요. 아시겠죠? 좀 기다려야 해요."

나는 재선님에게 말했다. 고양이는 영역 동물이다. 새로운 환경이라면 탐색하고 적응하기까지 시간이 걸린다. 강치는 공원에서 집으로 공간이 바뀌는 것이니 이건 가히 우주가 바뀌는 것과 같았다. 강치로서는 세계가 자기만 빼고 모조리 달라지는 것이었다. 적응하는 데 오랜 시간이 걸릴 수도 있다. 그래도 시간이 해결해 줄 터였다.

재선님의 집은 6층 맨 끝이었다. 통 덫을 넣어주면서 잠시 들여다본 집은 좁아 보였다. 물건이 가득 차 있다. 그제야 원룸이라서 처음에 남편이 입양을 반대했다는 말이 떠올랐다. 그래도 아기도 없는 신혼부부니까 강치를 예뻐해 줄 것이다. 원룸이래도 외동묘니까 그렇게 좁진 않겠지? 지은님은 원룸에 네 마리의 고양이를 키우고 있잖아.

매트 리들리의 『게놈』이라는 책에는 인간에게 자유의지가 있기보다는 선천적인 유전자에 의해 즉, DNA에 의해 프로그램된 행동을 하는 것 같다고 나온다. 그날 내가 그랬다. 내가 생각하는 것이 아니라 행복 DNA가 나를 조종하는 것 같았다. 난 강치를 입양 보냈다는 기쁨에 취해 피곤함도 느끼지 못하고 약간 넋이 나간 듯 웃고만 있었다.

사람들과 헤어져 한 시간 동안 걸어 집에 도착하고 나서야 주차장에 있는 내 차를 가져오지 않은 것을 깨달았다. 그날 이른 출근 시간 때문에 평소와 달리 차를 가지고 갔었지? 이런.

11시 반, 차를 가지고 가기 위해, 공원에 다시 도착했다. 두 시간 전 우리가 강치를 잡았던 자리가 보였다. 아무런 흔적 없이 가로등도 꺼져 칠흑 같은 어둠만이 있을 뿐이었다.

바로 앞 아파트를 바라보니 6층 맨 끝 집에 불이 켜져 있다. 강치가 저기 있겠지. 나는 어두웠던 재선님의 표정이 떠올라 멈칫했지만 이내 고개를 흔들있다.

'이제 공원에는 강치가 없어. 강치는 안전하고 행복할 거야!'

행복 DNA는 아직도 나를 지배하고 있었다.

강치는 다시 어디로

"왜 강치 소식을 전하지 않는 걸까요? 아니, 왜 한마디 말도 안 하는 걸까요?"

하영님이 밤늦게 전화했다. 벌써 5일째, 강치를 데려간 직후부터 재선님은 잠수를 타고 있었다.

"제가 파양 겪어봐서 알잖아요. 그 집주인이요. 지금 사유지 급식 터. 거기 집주인도 파양해서 저랑 관계가 나쁜 거잖아요. 처음에는 사이가 좋았어요. 그래서 뒷마당 빌려준 거죠. 애기 고양이 파양하고 강아지 입양했는데 아마 옥상에 묶어 놓은 거 같아요."

하영님은 지금 상황이 안 좋다며, 최악의 사태에 미리 대비를 해야 한다고 진지하게 말했다. 재선님이 파양해서 공원에 강치를 다시 놓아주어야 한다면 1주일을 넘기면 안 된다고 했다. 골든타임 - 1주일을 넘긴다면 강치는 공원에 다시 적응하기 힘들 거라고 말이다.

말도 안 된다. 파양도 물론이지만, 공원에 풀어놓는다는 것은 더욱더 말이 안 됐다.

"파양이요? 에이, 그럴 사람은 아니에요. 걱정 마요. 처음 고양이 키우는 거라 힘들어서 그러는 것뿐이에요. 곧 소식 전할 거예요."

그럴 리 없다. 재선님은 비록 한 달뿐이었다고 해도 캣맘이었다. 강치를 좋아해서, 강치를 한 달 동안 지켜보고 돌본 끝에 입양한 것이지 않나.

〔밤늦게 죄송한데 통화 가능하세요?〕

6일째 되는 날 밤 10시, 재선님에게서 문자가 왔다. 나는 바로 전화를 했다. 재선님은 너무 힘들다고 했다. 공원에서는 강치가 재선님에게 다가왔었는데 집에서는 남편은 물론, 자기까지도 피하고 장롱 위로 올라가려고만 한다는 거였다.

고양이들은 원래 낯선 곳에서는 며칠이고 숨어서 탐색한다. 고양이에 따라 다르지만 2주가 걸릴 수도 있고 한 달이 걸릴 수도 있다. 강치는 재선님의 집에 간 지 일주일이 채 되지 않았다. 나는 장롱 위로 올라가려 한다면 오히려 그곳에 쉼터를 마련해주라고 말했다.

"그런데 남편이 강치가 올라가는 걸 싫어해요."

이상하게도 재선님의 목소리는 침착했다. 지금 강치는 적응하지 못해서 숨고 힘들어하고 그들 부부도 잠도 못 자고 힘든 상황이다. 이런 상황에 이렇게 조용하고 차분한 목소리라니! 걱정스럽고 불안한 목소리여야 하지 않나?

하지만 그것보다 더 이해되지 않는 것은 강치를 대하는 그들의 태도였다. 재선님은 집이 원룸이라 좁아서 장롱 위에 에어프라이어, 선풍기, 옷 박스 등을 올려놓았는데 강치가 거기 올라가서 물건들을 떨어뜨린다고 했다. 나는 조금 답답했다.

"고양이는 원래 올라가는 게 본성이에요. 그래서 캣 타워를 사주는 거잖아요? 에어프라이어만 공간이 필요한 게 아니라 강치에게도 공간이 필요해요. 안심되는 공간이 있어야 적응을 하죠. 나중에도 그렇지만 처음에는 더욱더 숨을 수 있는 공간이 필요해요. 고양이들은 어딘가에 숨어야 안정이 되거든요. 계속 불안하면 적응을 못해요."

강치는 공원에서 집으로, 공간이 180도 바뀌어 불안해, 자기만의 은신처를 찾는 중이었다. 강치가 자기 공간을 찾고 안정을 느낀다면 시간이 걸릴 뿐 결국 적응할 것이다. 관건은 이 시간을 그들 부부가 기다려줄 수 있는지였다. 강치는 사람이 없을 때는 밥도 먹고 배변도 한다고 했다. 그런데 퇴근해서 재선님이나 남편이 들어오면 침대 밑에 들어가서 절대 나오지 않는다고 한다. 그러다가 한밤중이 되면 장롱 위에 올라간다고 했다. 원룸이라 강치가 조금만 소리를 내도 남편이 깨서 짜증을 내는 것 같았다.

아마도 그들은 충분한 고민과 준비 없이 입양을 결정했나 보았다. 생명을 입양하는 것은 중요한 일이다. 에어프라이어를 사는 것처럼 결정할 수 없다. 많은 고민과 대화가 필요했었는데.

그래도 강치를 좋아한다면 기다릴 수 있을 것이다. 모든 게 사랑이지 않나. 나도 처음 우리 루이, 라온을 데려올 땐 아무것도 몰랐었지. 매일 저녁 2시간 동안이나 공원에서 시간을 보내던 재선님이었기에 나는 끝까지 믿고 싶었다. 나는 부드럽게 부탁하듯이 말했다.

"강치가 원하는 대로 공간을 만들어줘요. 그 자리에서만 꼼짝하지 않는 곰 인형이 아니잖아요? 공간을 만들어주고 기다린다면 강치는 늦어도 2, 3주가 지나면 꼭 전의 모습으로 돌아올 거예요. 기다려줄 수 있겠어요?"

"아뇨. 저도 강치가 장롱 위에 올라가는 게 싫어요. 계속 숨어 있는 것도 무섭고요. 저는 이제 한 시간도 기다릴 수 없어요. 못 키울 것 같아요."

그녀의 목소리는 차가웠다. 그 목소리에서 어떤 대화도 의미가 없다는 것을 나는 뒤늦게 깨달았다. 이미 결정하고 전화한 거였다. 상의하려고 전화한 게 아니라 통보하려고 한 것이다. 나의 얼굴이 확 달아올랐다.

'올라가는 게 싫다고? 숨어 있는 게 무섭다고?'

지금 무서워서 숨어 있는 것은 재선님이 아니라 강치 아닌가?

개에게 산책이 꼭 필요하다면 고양이에게는 높이 올라갈 수 있는 수직 공간이 꼭 필요하다. 그들의 본성을 인정해 주어야 한다. 본성을 인정해 주지 않고 어떻게 반려동물을 키울 수 있다고 생각한 것일까? 무슨 생각으로 강치를 데려갔던 걸까?

재선님과의 통화가 끝나자마자 지은님의 번호가 떴다. 이미 강치는 지은님 집에 와 있었다. 당장 다음날부터 강치를 돌볼 사람이 필요했다. 지은님은 다음날, 토요일에도 출근하기 때문에 강치를 맡을 수가 없다.

나는 밤 11시에 차를 가지고 지은님 집으로 갔다. 나에게 전화하기 전부터 이미 재선님은 강치를 가방에 넣어둔 모양이었다. 지은님 집도 원룸인데다 네 마리의 고양이가 있어서 풀어놓지 못했다. 몇 시간째 강치는 계속 가방 속에 갇힌 채였다. 지은님은 화를 참지 못한 채 어떻게 파양할 수 있느냐며 계속 소리치고 있었다.

"내일 출근하셔야 하잖아요. 이제 그만 들어가세요."

나는 가방을 받아들었다. 들여다보니 강치는 심하게 떨고 있다.

"이런. 무슨 고생을 한 거니."

어떻게 이럴 수가. 조금만 더 기다려주지 않고, 단 6일 만에 파양하다니 이건 있을 수 없는 일이다. 가방을 쥔 내 손이 떨려왔다. 나는 입술을 깨물었다. 강치가 든 가방을 뒷좌석에 조심스럽게 넣은 후 집으로 차를 운전했다. 자정이 지난 거리는 한산했다. 하지만 내 머릿속은 그 어느 때보다도 복잡해졌다.

'강치는 어디로 가야 하는 거지?'

내게도 아무런 대책은 없었다. 그때 마음속 한가운데 선명하게 우리 집의 고양이들이 떠올랐다. 루이, 라온, 새온, 아리, 모두 길에서 온, 네 마리의 고양이들….

미지의 길

집으로 돌아가던 나는 신호등에 걸려 잠시 뒷자석에 놓인 강치의 캐리어를 돌아보았다. 강치는 어떤 소리도 내지 않고 있다. 그러나 회색 플라스틱 캐리어가 갑자기 투명한 유리가 된 것처럼, 덜덜 떨고 있는 강치의 모습이 내 눈앞에 보이는 것 같다. 나는 크게 한숨을 내뱉었다. 순간 내 머릿속으로 하늘이의 목소리가 들려왔다.

"엄마, 고양이들은 불이 나거나 위급상황이 되면 진짜로 위험해. 강아지들은 주인들에게 오지만 고양이는 숨어버리잖아."

종종 인터넷에서 위급상황에서 숨어버려 구하지 못한 고양이들 이야기가 나왔다. 고양이들은 워낙 예민해서 상황이 조금만 바뀌어도 자신들이 가장 안전하다고 생각하는 곳으로 숨는다. 보통 침대 밑이나 소파 밑, 장롱 위, 사람들의 손이 잘 닿지 않는 곳이다.

"맞아. 저번에도 우리 라온이, 동물병원 예약 다 해놓고도 못 갔잖아. 라온이 눈치가 어찌나 빠른지 장롱 위로 올라가 하루 종일 안 내려와서 다음 날 갔지."

그래서 우리는 위급한 상황에서 책임지고 같이 데리고 나갈 고양이를 정하기로 했다. 위급한 상황은 보통 자다가 새벽에 생기는 경우가 많다. 그런 상황에서는 생각할 수도 없어서 미리 매뉴얼을 정해 놓아야 한다.

1초도 지체하지 말고 도망가려는 고양이를 찾아, 잡아서, 캐리어에 넣고, 나와야 하니까.

가장 예민한 라온이는 안방에서만 사니까 내가 맡고, 개냥이인 루이는 몸집이 크고 무거우니까 남편 민혁이 맡고, 새온은 하늘이만 따르니까 첫째가 맡고, 막내 아리는 작으니까 둘째 바다가 맡기로 했다.

4대4로 가족이 네 명이라서 네 마리가 딱 맞았다. 위급상황에 대처가 안 되기 때문에 네 마리 이상은 입양이 안 된다고 결론이 내려졌다.

얼마 전 대화였다. 막내, 아리를 구조해서 네 마리로 정착된 지 몇 달이 되지 않은 어느 날, 길고양이를 돌보는 내가 불안스러워 미리 하늘이가 선을 그었다.

그래. 아파트에서는 네 마리도 결코 적은 숫자가 아니지. 사실 지금도 아이들이 스트레스 많이 받고 있다. 영역 동물인 고양이에게 전원주택도 아닌 아파트는 힘들 수 있다. 더 이상의 입양은 어렵다. 나는 다시 한숨을 쉬었다.

그때 스피커 폰 전화기가 울렸다. 일주일 전 팬서를 입양한 하영님이었다. 그녀는 상황이 이렇게 전개되었는데 입양할 사람이 없다면, 이번 주말에 병원에 가서 귀 커팅을 하고 공원에 풀어놓자고 했다. 강치는 이미 한 달 전에 중성화는 되어 있으니까 말이다.

하영님의 말은 어쩌면 가장 현실적인 것이었다. 지금 공원이 아니라면 강치는 갈 데가 없다. 공원에 있던 8개월 된 성묘는 또 다시 입양되기 어렵다. 전날 밤, 하영님이 말했던 골든타임, 1주일은 아직 지나지 않았다. 강치는 공원에서 태어났고 거기서만 8개월을 살아왔다. 돌려보낸다 해도 적응할 수는 있을 터였다.

'그렇지만 그럴 수 없어.'

나는 머리를 흔들었다.

'공원에는 절대 돌려보낼 수 없어! 강치 아저씨가 그렇게 힘들게 잡아주었는데 그에 대한 배신이야.'

그는 공원 고양이들 일곱 마리 중성화할 때도, 또 강치가 입양간다고 잡을 때도 도왔었다.

'강치 아저씨뿐만 아니라 사실은 강치가 더 문제야.'

공원에서 다시 강치를 만난다면 나는 강치의 얼굴을 제대로 못 볼 것 같다. 고양이는 잡았다가 못 키우게 되면 다시 풀어놓는 그런 존재가 아니다. 그들 또한 너무나 당연하게도 나와 같은 소중한 생명이다. 강치를 공원에 돌려보낸다면 과연 나는 아무 일도 없었던 것처럼 생활할 수 있을까? 그럴 수 없다. 방법은 오직 하나뿐이다. 책임지는 것. 강치는 내가 입양해야 한다.

그러나 오렌지색 태비 아기 고양이 아리를 구조한 지, 6개월밖에 지나지 않았다. 아직 아리도 어렸다. 그래도 그땐 아리가 애기 고양이라서 그 정도였지만 강치는 성묘다. 보통 수컷 성묘들은 서열 싸움을 한다. 중성화하면 좀 낫긴 해도 어떤 경우는 치열해서 다칠 수도 있다. 어릴 때부터 같이 살아왔다면 서로 적응해서 장난 수준에 그칠 수 있지만 성묘로 처음 만난다면 심하게 싸울 수 있다. 이번엔 스트레스 수준이 아니라, 강치와 우리 집 고양이들이 직접적으로 싸울 수 있었다.

나도 잘 살고 있는 우리 집의 공주, 왕자 고양이들을 폭풍우 속에 밀어 넣고 싶지 않았다. 강치는 수컷이라 몸집이 큰 편이다. 공원에서 다른 고양이들도 많이 만나봤겠지? 싸운 적도 많았겠지.

우리 집 고양이들은 결코 상대가 되지 못한다. 루이, 라온, 새온, 아리는 아기 때 모두 길에서 데려와서 다른 고양이는 만나본 적이 없다. 아리를 제외하면 이제 여덟 살로 노년기에 접어 들었다. 한창때인 강치보다 힘이 달릴 것이다. 아리는 이제 7개월 된 암컷이라 강치보다 몸집이 훨씬 작았다.

그럼에도 강치를 공원에 절대 보낼 수 없다는 생각이 점차 강해졌다. 재선님이 입양하기로 했을 때 얼마나 좋아했던가? 강치를 잡던 날 웃으며 집에 가던 강치 아저씨, 다른 사람들, 그리고 행복했던 나의 모습이 떠올랐다.

내가 강치를 데려간다면 모든 것이 눈 녹듯이 해결될 터였다. 고양이를 키운 지 8년이 됐지만 다섯 마리인 적은 아직 없었다. 다섯 마리라는 부담감, 그리고 심하게 싸울 것 같다는 걱정은 컸다. 하지만 나는 한 발짝 미지의 길로 걸음을 내디뎠다. 신호등 앞쪽으로 아파트 정문이 보였다. 강치의 캐리어를 들고 엘리베이터 앞에 섰다. 나는 엘리베이터 버튼을 누르며 심호흡을 크게 했다.

강치에서 다온으로

자정도 넘은 시간, 12시 반이었다. 디지털 도어락을 조심스럽게 눌렀지만, 소리가 크게 들렸다. 자려다가 하늘이, 바다, 민혁이 깜짝 놀라 나왔다. 전화 통화를 듣고 잠을 못 자고 있던 것이다. 모두 내가 들고 있는 캐리어를 바라보았다.

"임시 보호지? 게시판에 입양 공지 올려 볼 거지?"

민혁은 설마 하는 말투였지만 난 거짓말을 할 수가 없다.

"공지해도 입양할 사람은 없어. 미안하지만 강치는 내가 책임져야 해."

가족들은 얼굴이 굳어졌다. 하지만 나는 믿는 구석이 있었다. 주말에 공원에 밥 주러 갈 때마다 따라와서 같이 공원 고양이들을 돌봤던 하늘이를 믿었다. 말은 아끼지만, 나의 인터넷 글을 보고 제일 먼저 '좋아요'를 누르는 민혁을 믿었다. 누구보다도 고양이를 좋아하는, 둘째 바다 또한 나의 힘이었다.

나는 바다 방에 강치의 자리를 꾸몄다. 안방에는 안방 냥이 라온이와 라온이 형제 개냥이 루이가 상주하고 있었고 하늘이 방에는 새온이와 아리가 있었기 때문이다.

"아니 이렇게 커? 8개월인데? 아리보다 훨씬 크네?"

"아, 남자라서 그런가 봐."

사실 애기가 아닌 성묘가 우리 집에 온 것은 처음이었다. 루이와 라온은 1개월 반 때, 새온과 아리는 2개월이나 3개월 되었을 때 우리 집에 왔었다. 어쨌든 모두 아기 고양이라서 처음 보았을 땐 초롱초롱 작고 귀여웠다. 하지만 강치는 성묘였다. 공원에서와 달리 집에 데려오니 강치가 더 커진 것 같다.

강치는 바다 방에 풀어놓자마자 재빨리 방안을 둘러보더니 역시 장롱 위로 올라갔다. 방에 사람이 있는 것을 무서워하는 것 같다. 재선님의 집에서 무슨 일을 당했는지도 알 수 없었다. 사람에 대한 믿음이 생길 때까지 당분간 강치 혼자 두는 편이 낫지 않을까? 나는 바다에게 언니 방에서 한 달간만 지내라고 했다.

"이번 기회에 언니랑도 같이 지내보고 좋잖아."

"그래. 내 방에서 같이 지내자."

하늘이도 바다에게 말했다. 바다는 다음 날, 언니 방으로 이사했다. 시간이 지나면서 민혁과 바다는 무언 속에 강치의 존재를 인정하는 것처럼 보였다. 바다는 언니 방에서 뭘 하는지 꼼짝을 안 했고 민혁은 출퇴근과 코앞에 닥친 직장 승진시험 때문에 다른 것을 신경 쓸 겨를이 없었다. 아침 일찍 나가서 밤늦게 들어왔다.

나는 방묘문(고양이가 나갈 수 없도록 촘촘한 철창으로 만든 문)도 주문했다. 다른 고양이들이 바다 방에 들어가지 못하도록 하려는 의도였다. 아무래도 강치는 지금 모든 게 두려울 테니까. 민혁은 도서관에서 늦게 집에 와서, 방묘문을 새벽까지 설치했다.

재선님은 파양 이후 사과도 없이 단톡방을 나갔다. 안 좋은 기억만을 가지고 떠나다니 안타까웠다.

이제 바다 방에는 아무도 없다. 그래도 강치는 하루의 전부를 장롱 위에서만 지냈다. 화장실을 갈 때와 밥을 먹을 때만 잠깐 내려왔다가 다시 올라갔다. 불안해서 잠도 안 자는 것 같다.

사실 바다의 방은 이층 침대가 있어서 고양이들이 좋아했던 방이었다. 낮잠을 잘 때 이층에서 네 마리가 포개져서 모여 자곤 했었다. 갑자기 고양이들은 생애 처음으로 금지구역이 생겼다. 강치는 장롱 위에 있어서 보이지 않았지만, 고양이들은 이상한지 방묘문 앞에서 냄새를 맡으며 왔다 갔다 했다.

"캣 타워 큰 거 하나 더 사자. 엄마. 다섯 마리면 캣 타워 하나로는 안 돼."

역시 하늘이는 나의 파트너였다. 나는 하늘이가 고른 캣 타워를 바로 주문했다.

"강치! 안녕? 오늘은 뭐 하고 지냈어?"

나는 매일 퇴근하면 책상에 올라가서 장롱 위에 있는 강치를 보며 말을 걸었다. 강치가 장난감을 좋아한다는 것을 알고 있었기에 장난감도 열 개나 장롱 위로 올려다 주고 간식도 맛있는 것만 주었다. 하지만 반응이 없다. 며칠이 지나도 처음의 긴장된 자세로 똑같이 앉아 있다. 내가 보이는 건지 안 보이는 건지 의심스러울 정도로 눈동자도 움직이지 않는 것 같다. 몇 개월 전 공원에서부터 내가 밥 주는 걸 보아왔기 때문에 분명 날 알 텐데.

"강치 왜 이렇게 반응이 없지? 공원에서는 개냥이였는데."

내가 한숨을 쉬자, 오히려 하늘이는 고개를 끄덕이며 말했다.

"엄마. 나는 강치가 이해돼. 이렇게 힘들어하는 게. 강치 입장에서 생각해 봐. 공원에서 잘 살고 있었는데 어느 날 갑자기 납치돼서 잡혀 왔잖아?"

오! 정말 그렇다. 강치는 개냥이라 집에 가서 사는 게 더 나을 것 같다는 사람들의 판단 속에 자기 의지와는 상관없이 잡혀 왔다.

사실 우리 집에 있는 네 마리의 고양이는 집에 오는 것이 훨씬 나은 케이스였다. 우리 집 첫 고양이들인 쌍둥이 루이, 라온은 발견되었던 그곳에 살았다면 굶어 죽었을 확률이 높다. 보일러실 창고는 위험하기도 했고 근처엔 급식 터가 전혀 없었으니까. 새온, 아리도 마찬가지였다. 애기 때 왔어도 이미 엄마를 잃어버리고 며칠이나 굶다가 내게 구조된 것이었다.

새온이는 열흘을 굶어 장에 아무것도 없는 채로 출근길 횡단보도에 뛰어들었다지? 아리는 35도의 뜨거운 한낮, 차안 보닛에 있었잖아. 집에 와서도 엄마를 찾느라고 사흘 동안이나 목이 쉬도록 울어댔지.

"맞아. 새온이는 세 번 죽을 뻔했지. 두 달 된 애기가 열흘 동안 굶어서, 횡단보도에 뛰어들어서, 또 선천성 신장병으로 신장 한 개 떼어내는 수술 하느라."

나는 말했다. 하늘이는 진지한 표정으로 나의 대답에 말을 이어갔다.

"강치는 가족이 다 있었잖아. 공원에 엄마도 있고 형제들도 다 있었지. 집도 있고, 인간 친구까지. 근데 혼자서만 이상한 데 끌려왔으니 얼마나 무섭고 기가 막히겠어."

"강치 아저씨랑 정말 친구 같았어."

하늘이의 말이 백번 맞다. 나는 이제야 며칠째 눈동자도 움직이지 않는 강치가 이해되는 것 같았다.

하루라도 굶어본 적이 있을까? 강치는?

길고양이로 태어났다 해도 처음부터 돌보는 사람들이 있었다.

4월에 태어나 12월 초에 재선님의 집에 갔으니, 추위도 경험하지 않았다. 공원에서 태어나 엄마인 엄지와 함께 살고 있었고 남매인 하치, 아치와 사이가 좋았다. 공원엔 급식 터가 있었고, 근처 사람들은 점심시간마다 간식을 가지고 왔다. 아기 때부터 강치 아저씨와 근처 직장 다니는 선영님을 만났다. 강치 아저씨는 장난감까지 가져와서 놀아주었다. 하지만 슬프게도 공원에는 아직 경험하지 못한 위험한 날들이 언제든 닥쳐올 수 있었다.

'여기는 아플 때 병원도 갈 수 있고 나쁜 사람도 나타나지 않아. 추위에 얼어 죽을 위험도 없어. 언니랑 내가 엄마처럼 잘 돌봐줄게. 그리고 동갑 친구 아리도 있잖아.'

나는 이렇게 말해주고 싶었다. 인간과 동물이 서로 의사소통이 가능하다면 좋겠지만 나는 기다리는 수밖에 없다. 우리의 진심을 강치가 알아줄 때까지.

가족회의를 통해서 강치의 이름은 다온으로 개명했다. 강치는 촌스럽다나. 강치는 '강아지 같은 치즈 고양이'의 줄임말로 몇 달 전 내가 지어준 이름이었다. 다온은 행복이 다 온다는 뜻으로 라온, 새온의 '온'자 돌림을 땄다.

그러나 그렇게까지 오래 걸릴 것이라고는 아무도 생각하지 못했다. 장롱 위에서 3주가 지난 다음에야 다온은 장롱 옆 책장 위로 한 발자국을 옮겼다. 장롱 위에서 3주, 책장 위에서 2주, 그리고 책상 위에서 2주의 생활을 마치고 나서 7주가 되어서야 겨우 바닥으로 내려왔다. 천천히, 느리게, 아주 조심스럽게 다온은 움직였다.

석 달이 지나서야 다온은 방에서 나왔다. 다온이 거실로 나오자마자 우리는 괜한 걱정을 했다는 것을 알아챘다. 다온은 우리 집 고양이들과 싸우지 않았다. 루이와 라온, 새온, 아리가 싸움을 걸어도 가만있었다. 우리 집 고양이들은 낯선 고양이에게 적대감을 드러내고 볼 때마다 때리거나 하악질을 했다. 하지만 다온은 하악질은커녕, 심지어 피하지도 않고 그냥 누워버렸다. 왼쪽 뺨을 맞으면 오른쪽 뺨을 대주라던 예수의 말처럼 얼굴을 대주었다. 싸움이 될 수 없었다.

"다온! 너도 때려! 아니 왜 맞고만 있어."

처음엔 다행이다 싶었다가, 나중에는 보다 못한 내가 이렇게 말할 만큼 순둥이였다. 아무리 공격해도 다온은 도망조차 가지 않고 맞고만 있다. 사람은 잘해주어도 피하지만 고양이는 공격해도 피하지 않았다. 다온은 사람은 무서워하지만, 고양이는 좋아하는 고양이였다.

결국 고양이들도 시큰둥하게 되었다. 이제 다온을 만나면 라온과 새온은 본체만체하고 루이는 핥아주기까지 한다. 한 달 차이 동갑인 아리는 다온과 같이 거실을 뛰어다닌다. 다온이가 온 지 석 달 만에 고양이 금지구역은 해제되었다.

집에 데려와 지내보니 다온은 말랐음에도 식탐이 엄청났다. 우리들이 강치가 개냥이인 줄 알았던 이유는 밥을 줄 때 다른 아이들보다 맨 앞에 나왔던 것 때문이었다. 사람을 무서워하지 않고 좋아해서 가까이 다가온다고 생각했다. 게다가 장난감을 들고 있던 강치 아저씨에게는 바로 앞까지 갔었다.

그렇지만 그것은 오해였다. 개냥이가 아니었다. 다온은 밥 먹을 때와 장난감으로 놀아줄 때 외엔 결코 사람에게 다가오지 않는다. 6개월이 지나도록 잡을 수가 없어 아직 목욕도 못 하고 발톱도 깎지 못했다. 발톱이 갈고리가 됐다. 하늘이는 몇 번 발톱을 깎으려고 시도했다가 팔이 온통 상처투성이가 되었다.

"누가 강치라고 이름 지은 거야? 엄마지?"

하늘이의 말에 난 겸연쩍은 웃음을 지었다.

〔엄마. 나는 강치가 이해돼. 이렇게 힘들어하는 게....〕

처음 강치를 데려왔을 때 강치가 집에 적응하는 데 그렇게 긴 시간이 걸리는 것을 나조차도 이해하지 못했다. 개냥이라고 잡아 왔다가 개냥이가 아니라고 파양 당한 다온….

인간은 얼마나 자기중심적으로 생각하는가? 그들에게도 삶이 있고 생각이 있고 모든 것이 있다는 것을 이미 하늘이는 알고 있었다.

▲ 항상 다가와서 개냥이인 줄 알았다

▲ 한 달 차이인 아리와 다온

[여섯 번째 이야기]

시청 앞 고양이는 어떻게 여행 고양이가 되었나

개냥이, 시청 앞으로 이사오다

누구에게나 선명하게 기억되는 날이 있다. 이런 날은 예상치 못하게 찾아온다. 약간 쌀쌀한 바람이 불던 12월 초, 그날은 다른 날과 다름없이 평범했다. 하늘이 파랗게 맑았던가? 왠지 얼굴에 산뜻한 바람이 스쳤던 것 같기도 하다.

"야옹"

월요일 아침, 나는 다섯 번째 고양이 강치를 본의 아니게 입양하게 된, 정신없던 주말을 보내고 출근한 터였다. 사료를 가지고 시청 급식 터에 들어가려고 하는데 고음의 고양이 목소리가 들려왔다. 곧 얼굴을 드러낸 고양이는 젖소 고양이였다. 순간 루키인가 했지만, 루키보다 까만색이 더 많고 배트맨 가면을 쓴 것처럼 눈 위쪽으로 까만색 무늬에 눈이 유난히 동그랗다. 눈 밑과 배와

팔다리는 하얀색에 등 쪽 아래는 마치 치마를 입은 것처럼 까만색이었다. 나를 보자마자 야옹 하는 데다 사람을 피하는 기색도 없다.

배트맨 고양이는 말이 많았다. 밥을 주어도 먹지 않고 내 주위를 왔다 갔다 하며 야옹댔다. 개냥이가 틀림없었다. 요즘 왜 이리 개냥이가 많은 거야! 동물 학대자들의 위험 때문에 길고양이들은 개냥이가 되면 안 되는데.

두 달 전 공원으로 간, 루키가 살던 시청 공터에는 그동안 얼굴을 보인 고양이가 없었지만 나는 혹시나 루키가 다시 돌아올까 싶어 급식 터에 계속 밥을 주었다. 루키는 돌아오지 않았지만, 밥은 항상 없어졌고 나는 지나가는 고양이가 있는가 보다 생각하고 있었다.

혹시 이 배트맨 고양이가 왔다 갔다 하다가 맘에 들어 살려고 온 것일까? 공원에 사료를 주고 돌아오면서 다시 급식 터에 가보았다. 여전히 거기서 야옹거리고 있다.

첫눈에 반한 것일까? 나는 만난 지 한 시간 만에 '루나'라고 이름을 지어주고 겨울 집까지 주문했다. 눈은 동그랗게 컸고 말이 많은 모습이 귀여웠다. 길고양이답지 않게 몸집은 크고 약간 통통하기까지 했다. 나이가 몇 살인지는 알 수 없지만 성묘였다. 퇴근 후 저녁에 가보았더니 없다. 어디로 간 거지?

다음 날 아침, 출근하자마자 나는 급식 터로 뛰어갔다. 젖소 무늬 고양이가 보였다. 그런데 루나가 아니다?

"아니 이게 누구야? 너 왜 돌아온 거야?"

루키는 천연덕스럽게 나를 바라보고 있었고 발밑에는 조그만 생쥐 사체가 두 마리나 나동그라져 있다. 설마 선물까지 가지고 돌아온 거야? (고양이들은 종종 애정 표현으로 먹이(?)를 선물한다) 공원에서 두 달이나 살았는데?

"지금은 돌아올 때가 아냐. 어제 우리 루나가 이사 왔다고."

나는 원망스럽게 루키를 바라보았다. 공원에서 엄지와 2개월을 살았던 루키가 돌아온 것이다. 사실 루키는 시청에 살던 고양이였는데 어느 날 사라져서 찾아보니 사거리를 건너 공원에 있었다. 두 달 동안 루키는 엄지와 엄지의 아기들, 까치, 또치와 함께 살았다. 그런데 지난주에 새로운 갈색 태비 고양이가 공원에 나타났다. 그 후 엄지도 그 갈색 태비랑 같이 다니는 모습이 보였다.

이런! 루키가 싸움에서도, 연애에서도 밀린 건가?

아무래도 중성화된 고양이는 수컷 호르몬이 나오지 않아 성격이 순해지게 된다. 그랬다 해도 두 달이나 공원에서 살았던 루키가 다시 돌아올 줄은 몰랐다. 사실 나는 지난주까지도 루키가 돌아오기를 원했다. 공원에 있는 동안 루키는 공원에 사는 고양이들을 공격해서 싸웠다. 공원이 루키가 나타나서 시끄러워진 것 같았다. 루키가 시청으로 돌아오면 공원은 다시 평화로워질 거라고 생각했다. 그리고 아무래도 시청은 공원보다 안전한 것 같았고 혼자니까 싸울 일도 없다. 공원 고양이들뿐만 아니라 루키를 위해서도 돌아오는 게 나을 것 같았다.

하지만 루나가 나타난 그날, 모든 것이 달라졌다. 만난 지 단 하루밖에 되지 않았지만 내 머릿속에는 온통 루나밖에 없었다. 그런데 루키라니! 루키는 생쥐까지 가지고 왔다. 공원 생활을 정리한 것 같다. 엄지와의 행복한 생활이 이렇게 쉽게 끝날 수가! 루키가 불쌍하기도 했지만, 이상하게도 나는 루키보다 전날 처음 만난 루나가 더욱 걱정되었다.

"루키, 네가 돌아오면 루나가 여기 살 수가 없잖아."

나는 루나가 다시 나타나지 않을까 봐서 조바심이 났다. 같이 살면 좋겠지만 성묘들은 영역싸움을 해서 자기 영역에 다른 고양이가 들어오는 것을 막는 경우가 많다. 1년 넘게 루키를 지켜보아서 알지만 루키는 성격이 사나운 편이다. 이런 루키가 자기 영역에 들어온 고양이를 가만 놓아둘 리가 없다. 루나는 눈도 얼굴도 동그래서 순해 보였다. 암컷인가?

"아! 루나네. 루나야!"

점심시간, 허리 밑의 까만 치마 무늬를 확인하고 나는 한걸음에 달려갔다. 루나는 하루 만에 나를 알아보는 듯 내 다리에 머리를 비볐다. 마침, 겨울 집이 배송이 와서 나는 바로 설치를 해주었다. 저녁에 다시 가보니 이번엔 루나가 없고 루키만 있다.

'설마 루키가 쫓아낸 건 아니겠지?'

나는 고민 끝에 겨울 집을 하나 더 주문했다. 집이 두 개이고 밥도 많이 주면, 잘 살 수 있지 않을까? 아무래도 한 집에서 같이 살지는 않을 것 같다. 루나가 나타난 그 주가 가기 전에 나는 주차장 한편에 겨울 집 두 개와 급식 터도 새것으로 교체해 주었다.

"루키야! 루나랑 싸우지 말고 같이 살자. 집도 두 개잖아. 내가 맛있는 거 많이 줄게"

나는 우리 집 고양이들 주려고 사놓은 간식을 매일 아침 가져와서 루키와 루나에게 주었다. 루키와 루나는 같이 있을 때도 있었지만 혼자 있을 때도 있었다. 어쨌든 그래도 두 개의 집에 각자 잘 사는 것 같았다. 점심시간에 나가보면 루키는 나가고 없고 루나는 그때까지도 겨울 집에서 자고 있을 때가 많았다.

“정말 친해진 거야? 같이 놀고 있네! 하하”

루나가 나타난 지 일주일쯤 된 것 같다. 퇴근 시간에 나가보니 루키와 루나는 같이 뛰어놀고 있다. 간식을 꺼내주었더니 함께 다정하게 먹었다. 놀랍게도 루키와 루나는 서로를 좋아하는 것 같다. 같이 밥 먹고 산책도 같이 다녔다. 원래 사나운 루키라서 걱정했는데 루나의 애교에 무장 해제된 건가? 루나는 루키에게 그루밍도 해주고 살갑게 구는 것 같다.

시간이 지날수록 루키와 루나는 더욱더 친해졌다. 마치 형제라도 되는 것처럼 같이 다녔다. 루나가 나타나면 곧 루키가, 루키가 나타나면 얼마 지나지 않아 루나가 나타나곤 했다. 둘 다 섯소 무늬 고양이여서 사람들은 구분하지 못할 수도 있었지만 나는 정확히 구분할 수 있었다. 좀 더 검은 무늬가 많고 좀 더 얼굴과 몸이 동그란 녀석이 루나다! 나를 보고도 가만있으면 루키고, 양양하면서 달려오면 그건 여지없이 루나다.

루나는 뛰어와서 얼굴을 비비고 바닥에 구르면서 야옹거리며 손까지 핥아주었다. 이런 최최고 개냥이를 어떻게 안 예뻐할 수가 있겠어. 집냥이도 이런 개냥이는 드물다. 하물며 길에서 이런 개냥이를 만날 줄이야. 나는 이제 담요를 가지고 다녔다. 루나가 구를 때 깔아주기 위해서였다. 만나기만 하면 구르기 때문에 담요를 안 가지고 다닐 수가 없었다. 그랬어도 루나의 하얀 털은 흙먼지에 거의 갈색이었다.

자세히 보니 루나의 왼쪽 귀가 커팅되어 있다. 이미 중성화되어 있고, 수컷이다. 엉덩이 쪽의 땅콩(수컷의 성기로 땅콩 모양이라 이렇게 부름)이 보였다.

어디서 이사를 온 걸까? 루나! 이렇게도 개냥이라면 유기묘인가? 하지만 귀 커팅이 되어 있는 것은 길고양이라는 증거인데? 아니면 진짜 잘 돌보는 캣맘이랑 같이 있었던 것일 거다. 루나는 통통하고 영양상태가 좋아 보였다.

"루나야. 너 왜 이사 왔어? 이렇게 귀여운 루나가 어떻게 이사 왔을까?"

나는 아침마다 루나에게 물어보았다. 루나는 골골하면서 내 손을 핥으며 양양거렸다. 무슨 이야기를 하는 것 같은데….

나는 루나의 과거가 너무 궁금했다.

여기 매일 오고 있는 거지?

"루나! 잘 잤어?"

루나가 오기 전까지는 점심시간에 시청 급식 터와 공원에 밥을 주러 갔었다. 하지만 루나가 나타난 후부터 나는 기다릴 수가 없어 일찍 출근해서 밥을 주러 갔다. 루나는 겨울 집에서 자다가 나와서 양양거리고 내 발밑에 구르고 하느라 밥은 뒷전이었다. 그런 루나 옆에서 루키는 아랑곳없이 밥을 먹었다. 가끔 루키는 옆에서 애교부리는 루나를 덤불 너머에서 유심히 지켜보았다. 설마 배우려고 그러는 건 아니겠지?

루나는 나에게 개냥이라는 개념을 송두리째 바뀌게 했다. 우리 집 개냥이 루이가 더 이상 개냥이가 아니게 됐다. 루이는 나를 보면 다가오긴 했지만 뛰어오지는 않는다. 손을 핥아주긴 하지만 골골송을 같이 부르지는 않는다. 밥이 먼저지 사람과 노느라고 밥을 안 먹지는 않는다.

루나는 너무 개냥이라 만날 때마다 헤어지기가 힘들었다. 나는 점심시간과 퇴근 후에 공원과 사유지 급식 터에도 가봐야 했기 때문에 시간이 촉박했다. 그래서 루나와 만나는 시간은 10분을 넘기 어려웠다. 나는 가야만 했다. 루나가 그냥은 안 떨어지려고 해서 밥 먹고 있어서 안 볼 때 재빨리 도망가거나 그런 시점을 놓치면 나는 발을 "쾅" 하고 굴러서 겁을 주었다. 도로까지 따라 나오면 위험하니까 더 이상 따라오지 말라는 무언의 표시로. 그러면 루나는 더는 따라오지 않고 커다란 눈을 깜빡거렸다. 그 눈을 바라볼 수 없어 돌아서는 내 눈이 뜨거워졌다.

"애기 안 볼 때 몰래 가라. 너 가는 거 알면 엄청나게 운다."

20년 전, 시어머니는 아침마다 텔레토비(영국에서 인기 있어 우리나라에서도 방영했던 아기들 대상 프로그램)를 틀어놓고 하늘이가 나를 보지 못하도록 조심했다. 잘못해서 내가 출근하는 것을 들키는 날은 아파트가 떠나가도록 울음소리가 들려왔었지. 잊고 있었는데 그때의 북받친 슬픈 감정이 떠올랐다. 갑자기 툭 떨어지던 눈물방울들….

루나는 내가 낳은 아이가 아닌데 왜 나는 엄마의 감정을 느끼는 걸까?

〔세상에! 역대급 개냥이네요.〕

최고 개냥이라는 말에 다들 루나를 보고 싶어 했다. 점심시간, 지은님과 선영님이 사거리를 건너 처음으로 시청 급식 터에 왔다. 루나는 신기하게도 사람을 선별할 수 있는 능력이 있는 것 같다. 자기에게 호감 있는 사람을 단번에 알아보고는 양양, 골골, 구르기, 핥기까지 동시 4종 세트를 선보였다. 모두 첫눈에 마음을 빼앗겼다. 그러나 이렇게 사람에게 친근감을 표현하는 고양이가 동물 학대자에게 노출된다면 그건 최악이었다. 모두 단톡방에서 루나 걱정을 했다. 하지만 걱정뿐이었다.

사실 루나는 모든 면에서 완벽한 고양이였다. 엄청난 개냥이에다가 동글동글한 귀여운 외모, 게다가 사나운 루키와도 잘 지내는 걸 봐서 성격도 순한 고양이다. 품종 냥들도 이 정도의 개냥이는 별로 없겠지? 그런데도 입양되기는 어렵다. 흔하디흔한 코숏(코리안 숏헤어)에다가 성묘 아닌가.

나도 데려가고 싶었지만, 집에는 이미 5마리의 고양이가 있다. 그래도 이곳은 지구대가 바로 옆에 있어 동물 학대자들이 찾아오기 쉽지 않은 곳이라고 나는 생각했다. 그리고 루키 이외에는 다른 고양이도 없어서 싸울 일도 없다. 겨울 집과 핫팩도 있으니 그렇게까지 춥지는 않겠지. 여기에서 떠나지 않고 루키와 잘 산다면 그나마 괜찮을 것이다. 다행히 루나는 나의 바람처럼 루키와도 잘 지냈고 겨울 집에서 잠도 잘 잤다.

겨울이 한창이었다. 루나가 온 지 한 달이 넘었다. 1월 중순쯤, 눈이 펑펑 내린 후부터 루나와 루키가 보이지 않았다. 공사 소음 때문일까? 그때쯤 시청 건물 빌딩은 리모델링 공사를 시작하느라 곳곳에 임시 벽을 세우고 공사 차량도 왔다 갔다 해서 소음이 엄청났다.

인간의 청력이 30이라면 개는 60, 고양이는 90이라고 한다. 우리도 소음 때문에 일하기가 힘들었는데 고양이는 얼마나 힘들었을까? 하지만 영하의 날씨에 갈 데가 없을 텐데. 나는 빌딩 뒤편 아파트 단지에도 가보았지만, 루키와 루나의 발자취를 찾을 길이 없었다.

일주일이 지난 후 루키가 나타났다. 그러나 주변을 아무리 둘러보아도 루나는 보이지 않았다.

"루나는 개냥이라서, 처음 보아도 안기니까 누군가 키우려고 데려간 게 아닐까요?"

선영님이 말했다.

"아마도 이사 오기 전, 살던 곳으로 돌아갔을 것 같아요. 전의 급식터를 다시 찾아갔나 봐요."

지은님도 이야기를 만들어냈다.

"아뇨. 그렇지 않을 거예요. 틀림없이 루나는 다시 나타날 거예요."

나는 단호하게 말했다. 사고가 났거나 길을 잃어 어딘가를 헤매고 있는 걸까? 아니다. 그럴 리 없다. 한 달 동안이나 루키랑 잘 살았는데 갑자기 혼자 길을 건넜을 리 없다. 누가 데려간 것 같다는 지은님의 말도 사실이 아닐 것이다. 개냥이 중의 개냥이인 루나지만 누군가 데려가진 않았을 거다. 세상은 그렇게 아름

다운 곳이 아니니까. 가전제품 대리점 앞에서 5년이나 망부석으로 살았던 팬서를 이미 보지 않았던가?

살던 곳으로 돌아간 것 같다는 선영님의 말도 아닐 것 같다. 그곳에서 여기로 이사 왔다면 이유가 있었을 거다. 다시 돌아갈 이유는 없지 않나? 그곳보다 여기가 좋을 확률이 훨씬 높다. 나는 루나를 기다렸다. 루나는 나타날 것이다. 아니 나타나야만 한다. 좋은 곳을 찾았다면 좋겠지만 그럴 확률은 거의 없을 테니까. 생각보다 현실은 더 차갑다는 것을 나는 이제 알고 있었다.

열흘이 지나도록 루나는 나타나지 않았다. 그러나 나는 희망을 버리지 않았다. 오히려 사료 그릇을 보고 희망의 단서를 얻기까지 했다. 루키 혼자 먹기에는 많은 사료가 없어졌다. 게다가 루키도 밥만 먹으러 올 뿐 겨울 집에서 자지는 않았다. 이것은 두 번째 단서였다. 루키와 루나는 같이 다녔었다. 그랬다면 지금도 같이 지낼 것이다.

사실 아침, 점심시간을 통틀어도 내가 급식 터에 나가는 시간은 총 30분을 넘지 않는다. 시계도 없는 루나가 하루 중, 내가 오는 시간을 정확히 맞춰서 나타나기는 어려울 터였다. 사무실 뒤쪽에는 오래된 아파트 단지가 있다. 그곳 지하실 같은 곳, 어디에선가 루키와 루나는 같이 잠을 잘 것 같다. 단지 나의 눈에 띄지 않았을 뿐, 루나도 계속 밥을 먹으러 오는 것이 아닐까?

일하고 있어서 몰랐는데 창문을 보니 눈이 펑펑 쏟아지고 있다. 급식 터에도 눈이 하얗게 쌓였다. 어디선가 루나도 이 눈을 보고 있겠지. 함박눈이 흩날려 점점이 회색이 된 하늘을 바라보며 나는 깊은숨을 내쉬었다.

'루나 꼭 나타나야 해. 분명 여기, 매일 오고 있는 거지?'

나를 기다린 거니?

급식 터에 눈이 한 뼘이나 쌓였다. 아침 일찍 출근한 나는 꼬마 빗자루를 가지고 가서 급식 터 위를 털었다. 그리고 주차장에서 급식 터로 들어오는 길도 대충 눈을 치워주었다. 치우다가 보니 눈 위에 고양이 발자국이 찍힌 것이 눈에 들어왔다. 그런데 한 마리가 아니다?

'루나 발자국 아냐? 두 마리잖아. 나란히 가는 것 같은데.'

이건 분명 루키와 루나 발자국이다. 지난밤, 같이 왔다 간 것 같다. 내가 보지 못했어도 근처 어디선가 루키와 루나는 함께 사는 것이다. 루나는 떠나지 않았다. 다행이었다. 나는 급식 터 그릇에 사료를 가득 붓고 미지근한 물을 핫팩 위에 올려놓았다.

눈이 많이 내려 두 마리의 고양이 발자국을 확인한 지 며칠이 지났다. 1월 말이지만 햇볕이 났다. 건물들 모서리에서는 눈 녹은 물이 비처럼 후드득 소리를 내며 떨어졌다. 일기예보에서는 밤은 여전히 영하이지만 오후 기온은 영상 8도까지 올라간다고 했다.

점심시간, 다시 사무실로 들어오는 길이었다. 젖소 무늬 고양이 한 마리가 보였다. 루키였다. 본능적으로 루키 근처를 훑었다. 뒤쪽으로는 아무도 없다. 오른쪽으로 시선을 돌리자, 그때 급식 터 건너편 쪽으로 또 다른 고양이가 덤불 사이를 지나는 게 보였다.

이 허리 밑 까만 치마 무늬는? 루나! 안 보인 지 정확히 15일 만이었다.

"루나, 너 어디 갔다 온 거야?"

나의 호들갑에 루나가 뛰어왔다. 추르에 닭고기까지 꺼내어 루나에게 주었다. 왠지 허겁지겁 먹는 것 같다. 원래 이런 애가 아닌데. 골골송을 부르는 루나를 보면서 털을 만져보았다. 뒷다리 근처의 털이 많이 빠진 것도 같다.

어디서, 싸운 걸까?

"집 떠나면 고생인데 도대체 어디서 지내는 거야. 루나!"

집을 떠나도 루키는 루나만큼 걱정되지 않았다. 루키는 경계심이 많은 고양이라 자기 앞가림은 할 것 같았지만 루나는 개냥이라 훨씬 더 걱정이었다. 그래도 루키와 루나가 같이 지내는 것 같아 다행이다. 루키가 루나를 지켜줄 것 같다.

그날 오후는 햇살이 급식 터를 비추었다. 겨울 햇볕이 따스하게 느껴졌다. 루나는 눈이 다 마른 겨울 집 위에 올라가 햇볕을 쬐면서 자고 있다. 루키도 똑같은 포즈로 겨울 집 위에 올라가 있다. 겨울 집에 들어가서 자면 좋을 텐데. 겨울 집이 너무 답답해서 그러는 건가? 햇볕이 있어도 밖이라 추울 것 같다. 퇴근하기 전 나는 루키와 루나에게 닭고기를 한 번 더 배달해 주었다. 햇살이 포근해서였는지 루키와 루나는 오후 내내 겨울 집 위에 있었다.

그 후부터 그들은 일주일에 한두 번, 급식소에 나타났다. 내가 보지 않을 때라도 밥은 먹으러 오고 있었고 단지 잠만 겨울 집에서 안 잘 뿐이었다. 핫팩을 넣어주었어도 추웠나 보다. 급식터는 노상에 있었으니까. 매일 보지 못하는 것은 서운했지만 그래도 항상 밥은 먹으러 온다는 사실은 위로가 되었다. 그렇게 가장 추운 1, 2월이 가고 있었다.

오랜만에 친구 모임이었다. 친구 중 한 명이 고양이 한 마리를 키우고 있었는데 한 마리를 더 키우고 싶다고 했다. 나에게 입양할 고양이를 문의했다. 공원에는 아기 고양이가 세 마리 살고 있다. 쌍둥이 까치, 또치는 치즈 고양이 엄지의 아기들로 이제 4개월이 되어 무럭무럭 자라고 있었고 두 달 전에 공원에 온 젤리는 3개월로 접어든 턱시도 아기다. 세 마리의 아기 고양이 사진을 보여주자 너무 귀엽고 예쁘다고 다들 놀랐다.

하지만 나는 다음 날 아침, 친구에게 루나의 사진을 보냈다. 아직 아기들인 까치, 또치, 젤리는 공원에 잘 적응하고 있다. 어쩌면 공원에서 잘살 수도 있을 터였다. 하지만 루나는 지나치게 사람을 잘 따르는 고양이라서 꼭 입양을 가야 했다. 나는 루나를 보내고 싶었다.

그동안 루나는 성묘라서 입양을 갈 수 없다고 생각했었다. 하지만, 이 친구라면 성묘라도 예뻐하며 키울 것 같다. 워낙 동물을 사랑하는 사람이니까. 고양이에 대한 애정이 있는 사람이기 때문에 아기가 아니라도 루나 같은 개냥이라면 좋아할 것 같다.

그렇지만 사진을 보내 놓고 나는 일이 손에 잡히지 않았다. 일반적인 사람들처럼 친구도 새끼 고양이를 좋아하면 어쩌지? 나의 불안한 마음과 달리 친구는 곧 답장을 보내왔다.

〔아. 이쁜 아이네? 루나? 괜찮을 것 같아〕

〔그런데 얘가 매일 볼 수는 없는 아이라서 시간을 좀 줘. 나타나면 데려다줄게.〕

나는 답하면서도 웃음이 났다. 하루가 어떻게 갔는지 모른다. 루나가 입양을 가다니! 마음속에 항상 답답했던 무언가가 내려가는 것 같았다.

"루나. 너 여기 있네? 입양 가는 거 어떻게 알고 왔어?"

그날 퇴근하려고 주차장을 나서는데 급식 터에 루나가 와 있다. 기회였다. 나는 바로 집에 전화했다. 다행히 남편이 비번이라 집에 있었다. 캐리어를 가져오라고 하고 하늘이까지 불렀다. 루나는 개냥이라 포획용 틀은 필요 없을 것 같다. 안아서 캐리어에 넣으면 될 것이었다. 30분을 기다려 하늘이와 민혁이 오고 캐리어를 가져왔지만, 루나를 잡지 못했다. 의외로 루나는 놀란 듯, 때마침 나타난 루키 뒤에 숨었다. 몇 번이나 시도했지만 못 잡고 시간이 지나갔다. 결국 포기하고 다음 날 포획 틀을 가져오기로 했다. 개냥이 루나도 포획 틀이 있어야 했나?

〔미안하지만 내가 너무 성급하게 입양 결정한 것 같아. 아무래도 그냥 한 마리만 키워야겠어. 내가 좀 일이 바빠지기도 할 것 같아서.〕

그날 밤, 친구에게서 톡이 왔다. 실망했지만 어쩔 수 없었다. 역시 성묘는 입양 가기 힘든 건가? 아기 때 만났으면 좋았을 텐데. 아기 루나는 얼마나 예뻤을까? 사이즈만 작아진 포동포동하고 말 많은 귀여운 젖소 고양이가 머릿속에 떠올랐다.

다음 날, 겨울의 막바지라 날씨는 추웠다. 그래도 오후에는 조금 따사로운 햇살이 나오긴 했다. 점심시간에 공원을 다녀오는데 루나가 햇볕을 쬐고 있다. 신기하게도 루키도 없이 혼자였다. 그동안 루키는 혼자 온 적이 많았지만, 루나는 없었는데? 전날 잡으려다 도망가서 당분간 안 올까봐 걱정했었는데 바로 나타나다니. 마치 루나는 나를 기다린 것 같다. 잠깐 간식을 주고 다시 사무실로 들어갔다.

"어, 루나 지금까지 여기 있었어? 추운데?"

5시간이 지나고 퇴근하는데 루나가 아직도 그 자리에 있다. 찬바람이 불어 안쓰러웠지만 따라오려는 루나를 따돌렸다. 공원 급식 터에 밥을 주고 도서관까지 가려면 서둘러야 했다.

다음날도, 그다음 날도 루나는 계속 나타났다. 그냥 나타나는 게 아니라 오전에 나타나서 퇴근 시간까지 그 자리에 있었다. 월요일에 입양하려고 잡으려다 실패한 후 화요일부터 금요일까지 하루도 빠지지 않고 나타나서 종일 급식 터에 있는 것이다.

나는 루나를 매일 보아서 좋았지만, 한편으로는 추운 날씨에 밖에 있는 루나가 걱정됐다. 루나는 감기도 든 것 같았다. 영하의 날씨에 계속 밖에 있으니 당연하겠지.

"루나. 저기 있네?"

토요일 오후, 급식 터에 밥을 주려고 하늘이와 함께 사무실에 왔다. 하늘이가 먼저 루나를 보았다. 루나는 겨울 집 위에서 자고 있다. 겨울 집에 들어가서 자지는 않아서 담요를 겨울 집 위에 깔아주었었다. 전날 내가 담요를 깔아주고 퇴근할 때 그 모습 그대로 루나는 담요 위에 몸을 웅크리고 잠들어 있다.

"설마. 어제부터 지금까지 밤새도록 여기 있었던 건 아니지? 루나야."

갑자기 눈물이 핑 돌았다. 이 추운 데서 밤을 보낸 거니?

루나! 나를 기다린 거니?

최강 고양이 루나

일주일 동안 루나는 나를 기다린 것일까? 아니, 만난 지 이틀째, 내 다리에 얼굴을 비비던 그때부터였을까? 이렇게 계속 영하의 날씨인데 며칠째 꼼짝도 하지 않다니 도대체 어쩌자고.

루나는 밥도 먹지 않고 하늘이의 손을 핥으며 차가운 바닥을 뒹굴고 있다.

'루나는 왜 우리 집에 오지 못하는 거지? 다섯 마리는 되고 여섯 마리는 안 돼?'

루나는 개냥이 중의 개냥이라 동물 학대자를 만날 위험이 다른 그 어떤 고양이보다도 컸다. 그걸 잘 알면서도 나는 지난 3개월간 외면해 왔다. 그러나 드디어 나는 깨달았다. 루나를 입양할 사람은 다른 그 누구도 아닌 나라는 것을, 루나가 나를 기다렸듯 나도 루나를 기다려왔다는 것을 말이다.

나는 뒤돌아가서 차의 트렁크를 열었다. 캐리어를 들고 오는 나를 발견하고 하늘이가 놀란 표정을 지었다.

"설마, 엄마. 정말이야?"

"루나 데려가자. 너무 불쌍하잖아."

하늘이는 거의 매주 토요일마다 나와 함께 밥 주러 왔었기 때문에 루나를 여러 번 보았다. 그동안 루나에게 정든 건 나뿐만이 아니었다. 나는 이 점을 노렸다. 하늘이만 오케이한다면 민혁과 바다는 설득할 수 있을 것 같다. 하늘이가 찬성한다면 루나의 입양은 승산이 있다. 바다와 민혁이 반대를 하더라도 2대2, 50퍼센트이고 어쩌면 바다는 내 편일 수도 있다.

"엄마. 한번 데려가면 돌이킬 수 없어."

"당연하지. 근데 캐리어에 안 들어갈지도 몰라. 저번처럼."

며칠 전 친구가 입양하기로 한 날, 한 시간 동안이나 캐리어에 넣으려 시도했어도 루나는 들어가지 않았다. 이번에도 그럴 수 있다. 하늘이가 루나를 유인했다. 닭고기를 보여준 후 다시 캐리어 속에 넣었다. 루나가 머리를 캐리어 속에 넣고 닭고기 냄새를 맡았다. 루나의 머리와 가슴이 캐리어에 반쯤 들어갔을 때 하늘이가 재빨리 루나를 밀어 넣고 지퍼를 잠갔다.

"뭐야? 이렇게 쉬워?"

"들어간 거 맞지?"

갑자기 갇혀버린 루나는 어리둥절한 것 같았지만 의외로 조용했다. 우리는 차에 루나를 싣고 동물병원으로 갔다. 범백 검사도 음성이 나오고 전반적으로 루나는 건강하다고 했다. 수의사는 이빨을 보더니 어린아이 같다고 한다. 1년도 되지 않아 보인다고.

그럴 리가 없는데? 루나는 웬만한 성묘보다 몸집이 컸고 중성화까지 되어 있어서 최소 몇 년은 된 줄 알았다.

어린 고양이였구나.

병원에서 나와 집으로 와서 루나를 바다의 방에 풀어놓았다.

길에서 살다가 처음 집에 왔는데도 루나는 편안해 보였다. 따뜻해서였는지 곧 잠이 들었다. 혹시 집에서 살던 아이인가?

어쩌면 루나는 집에서 키워졌다가 어릴 때 버려진 게 아닐까? 길을 헤매다가 캣맘에게 발견되어 중성화되었고 그곳에서 살다가 무슨 이유에선지 시청으로 이사 왔나 보다. 사나운 아이가 나타났던지, 아니면 모험심에 길을 떠났을지도 모른다. 이제야 루나의 과거, 잃어버린 조각이 맞춰지는 것 같다. 이렇게까지 개냥이였던 이유가 있었던 걸까?

바다는 자기 방에 잠들어 있는 루나를 보고 웃음 지었다. 3개월 전 루나가 나타났을 때부터 얼마나 루나 얘기를 했는지 바다도 루나에 대해 많은 것을 알고 있었다. 민혁도 의외로 별말이 없다. 대세가 기운 걸 알아챘나? 그는 작은 방석에 내 목도리를 베고 잠든 루나를 보고 놀라기까지 했다.

"고양이 맞아? 아니 어떻게 첫날부터 저렇게 누워 있어?"

민혁은 신기한 듯 루나를 바라보았다.

"루나는 개냥이 중의 개냥이라니까."

나는 개냥에 방점을 찍으며 답했다. 루나는 마치 우리가 그동안 키웠던 고양이처럼 집에 적응했다. 하루 만에 방묘문 앞에서 내보내 달라고 시위까지 했다. 그동안 주차장과 아파트 단지를 자유롭게 돌아다니면서 살았는데 갇혀 있으니 얼마나 답답할까? 하지만 거실로 내보내 줄 수는 없다. 혹시 모를 전염병의 위험과 조심스럽게 기존의 아이들을 만나야 해서 2주간 격리가 필요했다. 바이러스의 잠복기가 2주 정도 되었고 성묘로서 갑자기 만나면 싸울 수 있어서 서로의 냄새에 먼저 적응해야 한다.

격리 기간 동안, 루나는 집에는 잘 적응했지만, 사람이 꼭 옆에 있어야 했다. 사람이 안 보일 땐 큰 소리로 울다가 사람만 보이면 갑자기 귀여운 소리를 냈다. 게다가 동그란 눈을 크게 뜨고 바라보았다. 루나는 방문 앞으로 다른 고양이가 지나가면 달려가서 방묘문에 붙어 아는 체 했다. 다른 고양이들은 기겁했지만, 루나는 친해지고 싶은지 방묘 문 사이로 손을 내밀었다.

원래 공원에서 살던, 루나보다 먼저, 우리 집에 다섯 번째로 온 다온이는 집에 적응하는 데 3개월이라는 긴 시간이 필요했다. 그래도 특이하게도 다온이가 워낙 순해서 기존의 우리 집 4마리의 고양이 루이, 라온, 새온, 아리는 다온이와 잘 지내고 있었다.

드디어 2주가 지났다. 합사에 대해 나는 별다른 걱정을 하지 않았다. 밖에서도 루나는 사나운 루키랑 잘 지냈기 때문에, 우리 집의 순한 고양이들과는 당연히 잘 지낼 거라고 확신했다.

사람을 좋아하는 천사 고양이인 루나는 당연히 고양이도 좋아하겠지? 여섯 마리의 고양이들이 서로 포개져서 잠도 자고 그루밍도 해주는 평화로운 장면을 나는 꿈꾸었다.

일요일 저녁 다 모여서 방문을 열었다. 루나는 이 순간을 기다려온 듯 성큼성큼 거실로 나왔다. 오히려 다른 고양이들이 거실에 있다가 루나의 눈치를 보며 머뭇머뭇했다.

"아냐, 루나는 착해. 단지 몸집만 클 뿐이야."

나는 안심시키려고 간식을 꺼냈다. 같이 밥을 먹고 놀아주면 친해질 거야. 하지만 루나는 밥은 쳐다보지도 않았다. 루이를 바라보는 루나의 눈에서 빛이 났다. 의외로 몸집이 가장 큰 루이가 겁을 먹은 듯 뒷걸음질 쳤다. 순간 루나가 루이를 쫓았다. 루이는 곧 전속력으로 도망갔다. 루이가 도망가자, 루나는 다른 아이들도 쫓았다. 여섯 마리 모두 온 집안을 뛰어다녔다. 난리통 속에서 하늘이와 내가 겨우 루나를 잡아서 다시 방에 넣었다.

루나가 루이보다 작았음에도 전혀 상대가 되지 않았다. 사실 루이는 사람들이 모두 아메리칸 고양이라고 할 정도로 몸집이 컸다. 루나는 5.5킬로그램이었으니까 7.5킬로그램인 루이보다 2킬로나 작았다. 보통 길고양이들은 5킬로 정도가 되지 않는 경우가 많아 루나는 길고양이치곤 조금 큰 편이긴 했다.

그렇지만 몸집보다도 나이가 더 큰 변수였나? 루나는 사람으로 치면 청소년기다. 추정컨대 2살 정도일 것 같다. 수컷이고 한창때라 힘이 셌다. 반면에 루이와 라온, 새온이는 9살, 힘이 떨어질 시기이고 아리는 8개월밖에 되지 않은 작은 암컷이었으며 다온이는 겁이 많아 누구랑 싸우는 법이 없었다.

보통 다묘 가정들은 힘이 센 아이들과 약한 아이들을 분리해 놓는 경우가 많다. 약한 아이들이 공격을 당할 수 있기 때문이다. 길에서는 집과는 달리 분리해 놓을 수 없다. 그래서 고양이들은 서열 싸움으로 다치는 경우가 종종 있다. 루나는 추정컨대 길에서 최소 1년 이상 살았을 것이다. 그렇다면 살아남기 위해 치열한 싸움을 했을 터였다.

라온이가 루나의 발톱에 얼굴이 긁혀 상처가 생기고 나서야 루나를 합사할 수 없음을 깨달았다. 세월이 흘러 루나의 힘이 빠지기 전까지는, 합사는 힘들 수 있을 것 같다.

방묘문이 없어서 만약 싸울 수 있었다면 루나는 다섯 마리의 고양이 모두를 순식간에 제압할 수 있을 터였다. 거실에 나오자마자 루나는 그것을 알아챈 것일까? 루나를 풀어놓는다면 온 집안이 전쟁터가 될 수 있다.

순진하게도 나는 동그란 눈과 외모 때문에 루나가 약하고 순하다고 생각했다. 사람도 성격이랑 외모는 다른데 왜 전혀 생각을 못 했던 걸까? 예상치 못했지만, 루나는 최강 고양이였다. 루키도 사실 루나를 따라다닌 걸까?

루나의 하얀 털이 햇볕에 달궈져 따스하다. 루나는 나의 손을 핥고 있다. 집에 온 지 팔 개월째이지만 아직도 루나는 5대1로 격리되어 지낸다. 방문 앞을 조용히 지나가는 아이들을 방묘문으로 갑자기 달려들어 공격한다. 방묘문이 있어도 기존의 아이들은 깜짝 놀란다. 격리해 놓아서 다행이지 안 그랬다면 난리가 났을 거다.

최강 고양이 루나! 애들 좀 괴롭히지 말고 같이 살 지내면 안 되니?

참. 사람 속은 알 수가 없다더니 고양이 속도 전혀 알 수가 없는 거였다.

오늘도 루나는 거실에서 혼자 일광욕 중이다. 언젠간 꼭 테라스가 있는 전원주택으로 이사 가서 우리 루나, 루이, 라온, 새온, 아리, 다온에게 파란 하늘과 맑은 공기를 선물해야지.

그나저나 로또를 사야 하나?

낭만 여행 고양이

루나는 우리와 함께 여행할 수 있는 고양이*다. 우리 집에는 루나 말고도 다섯 마리의 고양이가 더 있지만, 같이 여행 갈 수 있는 고양이는 오직 루나뿐이다.

루나는 처음부터 보통 고양이와는 달랐다. 나와 길에서 만난 지 3개월 후, 우리 집에 데려갔을 때 루나는 마치 살던 집 같은 반응이었다. 들어가자마자 주위를 휙 둘러보더니 침대로 천천히 걸어갔다. 그러더니 바로 잠을 자는 게 아닌가? 루나가 바로 적응하는 걸 보고 나와 하늘이는 생각했다. 어쩌면 루나는 여행도 데려갈 수 있을 것 같다고. 그리고 예감은 적중했다.

펜션에서, 나와 하늘이는 각자 해야 할 공부와 준비해 온 책을 읽었다. 루나는 그런 우리 옆에 붙어 앉아 잠을 잤다. 집에서는 다른 고양이들이 있어서 온전히 엄마와 누나 옆에 붙어 있긴 힘들었다. 그리고 집에서는 바빠 잘 놀아주지 못했기 때문에 여기서는 장난감으로 교대로 계속 놀아주었다. 루나는 노는 것을 너무 좋아해서 장난감을 계속 물고 왔다. 길냥이로 살았을 땐 어떻게 살았던 걸까?

여행에서 루나는 외동 고양이로서의 행복을 누렸다. 몇 번의 여행이 지나고 나서부터 루나는 이 루틴을 눈치챈 것 같다. 1박

* 물론 산책은 하지 않는다. 차에서도 가방 안에만 있고 여행 가서도 실내에만 있다. 고양이는 영역 동물이고 낯선 곳에 대한 두려움이 큰 동물이라서 이렇게라도 여행 갈 수 있는 고양이는 드물다.

2일의 여행을 마치고 체크아웃해야 할 아침 시간이 되면 루나가 사라졌다. 찾아보면 침대 밑이나 장롱에 들어가 있었다. 집에서 출발할 때는 캐리어에도 순순히 들어갔는데 아마도 루나도 여행을 좋아하나 보다.

"루나 봐. 바다 보고 있네!"

서해는 저녁노을이 지고 있다. 작년 여름에 갔던 강화도 펜션이었다. 창밖으로 지는 오렌지빛 노을에 나와 하늘이와 루나까지 우리는 노을을 오래도록 바라보았다.

또 한 번은 복층 펜션에 갔었다. 신기하게도 우리가 밑에 1층에서 공부하고 있어도 루나는 2층 침대에서 잠만 잤다. 호텔식 침구여서 푹신해서 그랬던가?

"엄마, 나와 봐. 별이 진짜 많아!"

무척 맑은 봄날이었다. 강원도 횡성의 펜션의 밤, 하늘 가득 별이 총총 빛났다. 어림잡아 200개 정도의 별을 본 것 같다. 서울에서는 10개만 보아도 많이 본 것인데 말이다. 루나는 별을 보러 나간 우리들을, 방 안에서 바라보며 야옹거렸다. 왜 위험한데 나갔냐고, 빨리 들어오라는 것처럼.

합사가 안 되는 최강 고양이라 다른 고양이들을 보호하기 위해 어쩔 수 없이 루나를 격리했다. 세 개의 방이 다 차 있어 루나는 거실에서 대부분의 일상을 보내게 되었다. 아무래도 다른 아이들은 루나가 무서운 모양이었다. 모두 몇 번씩 쫓겨본 경험이 있다. 트라우마 때문인지 방에서 나오려 들지 않았다.

그래서 루나가 여행을 가는 것은 모두에게 좋았다. 루나에겐 온전히 사랑받는 느낌과 방묘문 없는 집을 돌아다닐 수 있는 자유를 가지는 것이었고, 루이, 라온, 다온, 아리, 새온에게는 방묘문을 열어놓고 거실과 방을 맘대로 다닐 수 있는 자유로운 날이 될 수 있었으며 또한, 루나의 무서운(?) 얼굴을 보지 않아도 되니까 좋겠지?

세 번째는 나와 하늘이, 모두에게 온전한 휴식이 될 수 있었다. 집에 있으면 쉰다고 해도 쉴 수가 없다. 평일에는 밤 10시나 돼야 집에 오니 주말에 집안일이 쌓여 있는 것이 당연했다. 왜 이리 할 일이 많은지. 집안일은 산더미 같았다. 떠나지 않으면 쉬기 힘들다. 하늘이도 한 달에 한번 조용히 휴식을 취할 수 있어서 좋다고 했다.

루나가 없을 때도 우리 집은 다섯 마리의 고양이와 동거하는 집이었지만 이제 루나 없는 세상은 상상할 수 없다. 루나 없는 세상은 우리에게 충분하지 않다. 우리는 루나의 가족이다.

루나가 아이들하고 잘 지냈으면 좋았겠지만 뭐 어쩔 수 없지. 이래서 우리도 여행을 가는 거잖아. 루나에게 감사해야 하나?

다음 여행은 어디로 갈까, 루나? 서해는 보았으니 이제 동해를 보러 갈까? 이번에는 공기 좋은 수목원? 아니면 별이 총총 많이 뜨는 산으로 갈까?

루나는 대답도 없이 소파에서 잠을 자고 있다.

에고. 진짜 상팔자다.

2년 반 만에 드디어 합사

이토록 평화로운 오후가 몇 년 만이람! 따사로운 햇살에 고양이들이 거실에 다 나왔다. 오렌지색 태비 아리와 치즈 태비 다온이 캣타워에 나란히 앉아서 일광욕을 하고 있네? 베란다에 턱시도 루이는 창밖의 강을 바라보고, 그 옆 바구니에 달팽이 모양으로 자는 녀석은 삼색 새온이구나. 식빵 모양으로 소파 위에 앉아 있는 건 갈색 태비 라온, 바로 옆에 뒷발을 한껏 치켜든 요가 자세로 부지런히 그루밍하는 젖소 고양이 루나까지!

식탁에서 나는 루나와 하늘이와의 주말 여행을 위해 에어비앤비 홈페이지를 탐색 중이다. 맞은편에서 하늘이는 숙련된 솜씨로 뜨개 가방을 만든다.

고양이들의 평화롭고 자유로운 모습은 루나가 온 이후, 처음 있는 풍경이다. 사실 그동안 방마다 고양이들을 격리하는 것은, 가족들에게는 물론 고양이들에게 더욱 힘든 일이었다. 여섯 마리 중 세 마리 고양이는 10살이 넘었고 나머지 세 마리는 3살 정도로, 상대적으로 어렸다. 특히 나이가 있는 어르신 고양이, 루이 · 라온 · 새온이 스트레스를 받았다.

태어나면서부터 10년이나 자유롭게 사람들의 '상전'으로 살고 있었는데, 갑자기 어디서 굴러들어 온 어린 녀석(루나) 때문에 갇히다니. 전엔 하지 않던 배뇨 스프레이(영역 표시나 자기과시를 위해 일부러 배뇨해서 냄새를 나게 하는 것으로 주로 수컷이 함)를 많이 했다. 세탁기와 건조기에 매일 이불이 돌아갔고, 곳곳에 강아지 배변 패드가 붙었다. 기존에 5마리의 고양이들도 모두 길에서 온 아이들이었지만 합사는 되었었는데….

하지만, 루나는 달랐다. 대장 냥이었던가?

이제 냉장고에는 언제나 '육묘(育猫) DAY' 포스트잇이 붙었다. 날짜별로 가족들 이름이 쓰여 있다. 방에 갇힌 고양이들이 몇 시간에 한 번씩이라도, 교대로 루나를 피해 거실에 나올 수 있도록 해주기 위한 시스템이었다. 루나를 방 하나에 가두면 다섯 마리의 고양이들이 자유로이 방 2개와 거실을 돌아다닐 수 있다. 하루에 서너 번씩 교대로 고양이들을 내보내 주었다. 가족들은 보통 주말에 다음 주, 담당 육묘 데이를 정했다. 모두 서로 일정을 공유했다. 우리는 다음 날 누가 육묘할 것인지 항상 확인했다.

다행히도 하늘이가 대부분의 육묘 시간을 맡아주었다. 하늘이는 야간 대학원을 다녀서 낮에는 거의 집에 있었다. 하늘이가 약속이 있거나 여행을 가면 나머지 가족들이 교대했다. 남편은 경찰, 나는 공무원, 바다도 대학생이라 모두 바빴지만 그래도 하늘이까지 4명이라서 '육묘 교대 시스템'에 큰 무리는 없었다. 어차피 고양이들을 다이어트시키기 위한 제한 급식(그동안의 자율급식으로 고양이들은 체중 초과였다) 때문에 '육묘 교대 근무 조'는 절대적으로 필요했다. 집을 오래 비울 수 없어 가족들 각자의 일정에 제한이 생겼지만, 다들 기꺼이 육묘 시간에 동참했다.

이렇게 불편했어도, 루나는 최강 개냥이라서 단번에 가족들의 사랑을 독차지했다. 게다가 여행할 수 있는 유일한 고양이라 우리는 루나와 같이 매달 1박 2일의 여행도 가게 되었다.

그러나 언제까지 불편하게 살아야 할까? 도대체, 합사가 가능하기나 한 걸까?

교대로 거실에 나온다고 해도 하루에 몇 시간은 방에 갇혀야 하는 시간이 계속 있었다. 여섯 마리의 고양이들이 별로 넓지도 않은 34평의 집을 다 쓰지도 못하고 많은 시간을 세네 평짜리 방에 갇혀 있어야 한다니 심란했다. 고민에 고민을 거듭했지만, 방법이 없었다.

큰집으로 이사 가서 공간을 나누면 될까? 50평은 되어야 할걸? 루나가 나이가 많이 들어서 힘이 빠져 싸울 수 없어진다면 가능할까? 10살은 넘어야 할 텐데.

큰 집으로 이사를 가는 것도, 루나가 나이가 드는 것도 요원해 보였다. 큰집은 비쌌고 루나는 이제 세 살이니까.

하지만 신기하게도 2년 만에 희망의 싹이 보였다. 상대적으로 어린 아리, 다온이 먼저 합사가 되었다. 다온은 싸울 의지가 없어 루나가 패도 맞고만 있었고 아리는 너무도 재빨라서 루나가 패려고 눈치만 보여도 도망갔다. 오히려 아리가 잽싸게 때리고 도망가서 루나가 맞기도 했다. 싸움이 되지 않았다.

다시 6개월이 지나면서 또다시 루나의 행동이 무언가 달라진 것 같았다. 전에는 고양이들을 심하게 덮치고 공격했었는데, 이제는 싸워도 앞발을 들어서 때리는 정도였다. 이건 별로 세지 않아서 우리가 보기에는 장난치는 것 같았다. 루이, 라온, 새온도 예전처럼 루나를 무서워하지는 않는 것 같다. 세 마리의 어르신 고양이들이 루나와 싸우려는 의지가 보였다. 루나도 전처럼 달려들지 않고 관망하기 시작했다.

세월이 흘러서 루나가 드디어 착해진 것일까? 어쩌면 집냥이가 되어가서 소심해진 걸까? 아니면 여행을 많이 다녀서 마음이 넓어졌나? 사실 서른 번도 넘게 여행을 갔잖아. 루나가 온 이후 한 달에 한 번, 거의 빼먹은 일이 없었지.

'어쩌면 전부 합사가 가능하겠는걸?'

재택 근무(온라인 교육)하던 사흘 동안 루나를 감시하면서 방묘 문을 다 열어놓았다. 루나는 다른 아이들이 방에서 못 나오게 쫓긴 했지만 심하게 싸우지는 않았다. 오히려 세 마리 어르신 고양이들의 합동 공격으로 루나가 혼비백산, 쫓긴 적도 있었다.

방묘 문을 열어놓는 시간을 늘려갔다. 낮에는 열어놓다가 밤에는 루나만 안방에 가두었다. 루나는 밤에도 계속 얌전했다. 내 옆에 누워 잠만 잤다. 낮에도 애들을 공격하는 사고도 안 쳤다. 그렇게 한 달이 지나 이제는 완전히 합사한 상태다. 다정하게 지내는 것은 아니지만 그래도 이 정도도 너무나 감사하지. 세월에 따라 점점 좋아질 테니까. 합사가 되다니! 이런 날이 오다니!

"여기로 여행 가면 좋겠는걸? 전망이 끝내준다. 하늘아"

나는 하늘이에게 송도, 초고층 오피스텔의 환상적인 뷰를 보여준다. 대화하는 우리의 목소리를 듣고 루나가 천천히 다가온다. 자다가 일어났는데도, 캣워크, 패션모델 포스잖아.

"루나! 착하고 착한 우리 루나. **낭만 여행 고양이**! 엄마랑 언니랑 또 여행 갈까?"

"야!~옹!"

루나가 앙칼지게 대답한다.

"밥이나 주래. 배고파 죽겠대."

"하늘이, 고양이 말을 완전 알아듣네?"

하늘이가 웃으며 사료통을 흔든다. 어느새 우리는 여섯 마리 고양이에게 둘러싸인다.

▲ 루나를 처음 만난 날

◀ 영하의 날씨에
밖에서 잠든 루나

◀ 절친 - 루나와 루키

▲ 하도 굴러서 길에서도 담요를 깔아주어야 했다.

◀ 여행 가서 행복한 한때

[일곱 번째 이야기]

나는 문어, 무너지지 않아

역대급 민원

나는 문어, 무너지지 않아.

지난밤 거의 뜬눈으로 지새운 후, 출근길에 갑자기 이 노래가 떠올랐다.

몇 달 전 인터넷에서 본 통신사 광고의 한 대목이다. 마이크를 든 핑크색 문어가 소리 지르듯 부르는 노래인데 머릿속에 쏙 들어왔었다. 난 오늘 그 문어가 된 것 같이 마이크를 쥐고 소리치고 싶었다.

그래 미친놈들이 판치는 세상이지. 알고 있어. 미친 세상에서 살려면 미치거나(그들처럼 되거나), 아니면 철저히 그들을 무시하면 될까. 그들과 싸우는 것은 어렵다. 미친놈을 제정신으로 상대한다면 어쩌면 명확한 패배가 기다리고 있을 수 있다.

그들은 예의가 없지만 우리는 예의를 지켜야 하고 그들은 지식이 없지만 우리는 지식이 있어야 하고 그들은 욕할 수 있지만 우리는 절대 할 수 없으니까.

"강쌤, 큰일 났어요. 민원이 폭주해서 시청이 발칵 뒤집히고, 간부회의하고 난리 났어요."

오픈채팅방이었다. 전국적인 커뮤니티다. 그곳 게시판에 우리 공원 급식 터에 붙은 고양이 사랑 동아리 스티커 사진이 올라온 모양이었다.

그들이 문제 삼은 것은 "길고양이는 동물보호법으로 보호를 받는 동물입니다"라는 문구였다. 사이트에서는 길고양이는 보호동물이 아니라면서 공무원들이 세금으로 고양이를 보호한다며 이런 동아리는 당장 해체해야 한다는 댓글이 넘쳐났다.

공원 고양이 급식 터는 지자체에서 지난해 7월 중성화를 위한 '공공 고양이 급식 터'로 지정했다. 하지만 지자체에서 한 일은 그것이 다였다. 동아리는 급식 터가 '사(私)적 적치물'이라며 들어오는 잦은 민원에 대응하기 위해 1년 전 담당팀의 허가를 받아 지자체 마크가 인쇄된 스티커를 붙였다.

확실히 이 스티커를 붙인 이후 민원이 줄었다. 그러나 이렇게 큰 역대급 민원이 우리를 기다리고 있을 줄이야. 스티커에는「직원 고양이 사랑 동아리」라고 명시해 놓았기 때문에 이들이 우리 게시판에다가 항의 글을 엄청나게 올린 것이었다.

길고양이가 보호동물이라는 것은 논란의 여지 없이 정확했다. 동물보호법에서는 "동물"이란 고통을 느낄 수 있는 신경 체계가 발달한 척추동물로 규정함으로써 포유류인 고양이가 보호동물인 것은 당연하기 때문이었다.

공무원이 고양이를 돌본다고? 그럼, 누가 돌보아야 하지? 우리는 근무 시간이 아닌 점심시간과 퇴근 이후의 시간에 급식과 중성화를 해왔다. 세금은커녕 모두 우리 월급에서 회비를 모아서 사료 공급과 중성화를 하는 것이다. 오히려 지자체에서 개체수 조절을 위해 안정적인 사료 공급을 통해 중성화를 책임져야 함에도 국가가 하지 못하는 것을 우리 동아리에서 책임지고 있었다. 중성화로 길고양이의 개체수 증가를 막고 공원 청소까지 함으로써 공원을 이용하는 사람들의 편의에 도움을 주고 있는데 무슨 소리인가?

우리가 없었다면 공원은 길고양이로 넘쳐났을 것이다. 공원의 고양이들은 우리 동아리 때문에 100퍼센트 중성화가 되어 있으니까.

【품종 고양이만 고양이다. 고양이 입양하지 말고 사세요】

참고하기 위해 들어간 사이트에는 이런 문구가 커다랗게 걸려 있다. 동물보호 사이트의 "사지 말고 입양하세요"라는 문구를 패러디한 것인가 보았다.

이 문구는 백인종만 인간이라며 흑인이나 황색 인종을 사고, 팔았던 이백 년 전 노예 시대의 처참한 광경을 떠올리게 했다.

망할 세상!

강남 고양이

"강쌤, 공원에 가서 스티커 모두 제거하세요."

이번에는 내게 전화가 왔다. 시청의 태도는 일단 논란이 된 것은 문제라는 것이었다. 사실이 아니라 할지라도 어떤 말도 나와서는 안 된다는 것이다.

"과장님, 민원이 어떻게 하나도 없겠어요? 올바른 일이라면 집행하는 것이고 불법은 불법이라고 하는 것이 공무원이 해야 할 일인 거죠. 공무원이 도대체 왜 있는 겁니까? 민원 해결하는 게 우리 일이잖아요?"

나는 목소리를 높였으나 결과는 정해져 있었다. 간부회의에서 결정한 일이었다.

창밖에는 비가 장대같이 내리고 있다. 나는 잠시 내 긴치마를 바라보았다. 양말을 벗고 슬리퍼를 신었다. 공원은 저녁의 옅은 어둠이 내리기 시작하고 있다. 사람도 고양이도 보이지 않았다. 적막했다. 빗소리만이 공원을 뒤덮고 있을 뿐.

중앙의 급식 터로 먼저 갔다. 담당팀에서 사준 삼나무 급식 터가 있는 곳.

몇 달 전만 해도 여기 아직 까치, 또치가 있었지. 내가 태어나서 본 가장 예쁜 고양이인 우리 까치, 또치 쌍둥이가 이 사물함 급식 터에 자주 올라가서 자곤 했다. 담당팀에서 잘한 게 하나 있다면 이 사물함 캣 타워(?)를 사준 것이라고 말했었는데. 그 까치, 또치는 모두 로드킬로 죽고 사물함은 혼자 비를 맞고 있다.

스티커를 떼고 다음 장소로 갔다. 이곳은 공원의 북쪽 끝으로 다세대와 맞닿아 있어서 이사 오는 아이들이 많이 나타났었다. 지난해 초봄엔 치즈 네 마리가 한꺼번에 이사 왔다. 형제인지 아닌지 모르겠지만 같이 나타나서 그런지 치즈들은 꼬리를 치켜들고 기세도 당당했었지. 급하게 그 주에 다 잡아서 중성화했었는데. 이제 그 치즈들 다 어디론지 사라지고 수수 한 마리만 남아 있나. 작은 암컷인 수수는 성질이 강해서 만나기만 하면 하악 소리를 지르곤 한다.

세 번째 장소는 잦은 급식 터 공공기물 파괴로 한 달 전 아예 폐쇄해 버렸다. CCTV가 없어서 신고해도 방법이 없었다. 여기 살던 아기 올블랙 남매, 핫세와 올리가 6개월이 되어 중성화하자마자 로드킬로 죽었다.

마지막 네 번째 급식 터는 공원 오른쪽 연못 근처에 있다. 가장 나이 든 (그래봤자 만 세 살이지만) 아치와 피치가 사는 곳이다. 수컷들은 사라지고 그나마 암컷인 겁 많은 아치와 피치가 살아남은 건가.

드디어 스티커를 전부 뗐다. 우산을 썼지만 소용없었다. 나는 비에 흠뻑 젖은 머리카락을 흔들었다. 비를 맞은 게 억울한 게 아니었다.

진실이 짓밟혀도 아무도 분노하지 않고 아무도 신경 안 쓴다는 게 무서웠다.

나만 피해 가면 된다? 그건 아니잖아.

비가 조금 잦아들었다. 사무실로 가려다 나는 다시 돌아섰다. 공원을 바라보았다. 그동안 공원에 참 많이도 왔다 갔다 했었는데.

그 시간 동안 나는 많이 변했을까?

겉으로 본 공원은 그동안 별로 변한 게 없어 보였다. 하지만 공원의 고양이들은 참 많이도 사라지고 또 나타났었지. 우리가 돌본다고 하는 것은 사실상 큰 힘이 되지 못했다.

인간도 살아가기 힘든 이 위험한 세상에서, 아마도 역부족이었을까.

우린 그냥 밥을 주고 중성화를 할 수 있을 뿐이었다. 급식과 중성화를 하더라도 길고양이들은 일상적인 로드킬과 전염병에 시달리고 있었다. 우리가 막을 수 있는 것은 아무것도 없었다. 동물학대자는커녕 하다못해 자잘한 민원도 우리는 막을 수 없었다. 그럼에도 급식과 중성화만이라도 잘되고 있는 곳은 사실 드물다. 결국 우리 공원의 이런 어려운 환경조차도 길고양이에겐 강남 같은 곳이었다. 대부분의 길고양이는 훨씬 더 열악한 곳에서 살고 있을 테니까.

월요일 아침, 담당자는 간략한 민원 내용을 보내왔다. 주말 내내 기분이 엿 같았지만 나는 다시 정신을 차렸다. 그들이 원한 것이 바로 이것일 거다.

약자를 괴롭히는 것, 고양이를 괴롭히는 것, 강자에게 약하고 약자에게 강한 자들.

"민원 20개에 대한 답글 초안을 오늘 안에 써 주세요."

"네, 알겠습니다."

너희들! 제대로 만났다.

나는 문어, 무너지지 않아.

나는 마이크를 잡듯이 키보드에 나의 촉수를 갖다 댔다.

애니, 더는 아기들을 낳지 말아 줘!

【안녕하세요? 우리 시 시정에 관심을 가져주셔서 진심으로 감사드립니다. 우선 직원 고양이 사랑 동아리는 고양이 중성화에 최선을 다하고 있습니다. -중략-】

아이러니하게도 이것은 사실이었다. 우리는 중성화에 진심이다. 성묘라면, 공원에서 발견한 바로 그날 중성화한 고양이들도 많았다.

난 답변 초안을 쓰다가 잠시 머리를 들어 창밖을 내다보았다. 빽빽한 아파트 틈 사이로 문서 세단기에 잘린 종이처럼, 세로줄로 잘린 여러 개의 푸른 하늘이 보였다.

'고양이를 사랑하지만, 길에서 태어나선 안 돼. 그렇게 된다면 인간의 쓰레기를 먹고 살게 되고, 로드킬이나 구내염으로 죽게 될 수 있어.'

나는 다시 화면에 집중했다. 그날은, 이 민원 건이 아니더라도 바쁜 날이었다. 근무 시간 후에 인근 지역으로 중성화 출장을 가기로 했기 때문이다. 상급 기관에 보고하는 문서도 마감 날이었기 때문에 나의 손은 바쁘게 움직였다. 답변 초안과 문서를 겨우 근무 시간 안에 마칠 수 있었다.

6시가 넘어 서둘러 인근 지역으로 갔다. 한 달 전 복지센터에 근무하는 사회복지직 직원이 전화를 걸어왔다. 그 직원은 담당하는 기초생활보장 수급자 할아버지 집에서 고양이 다섯 마리를 발견했다. 턱시도 엄마 묘가 두 달 전 그 집에 들어가 애기들을 네 마리 낳았다. 하지만 수유기라서 바로 중성화할 수 없어서 다시 한 달을 기다린 터였다. 그동안 나는 마더 앤 캣 베이비 사료를 계속 배달해 주고 있었다.

처음에 직원은 엄마 묘를 중성화시키고 아기들을 공원으로 데려가라고 했다. 할아버지는 다섯 마리나 되는 고양이들을 키울 여건이 되지 않았다. 본인도 겨우 살아가고 있었으니까. 하지만 나는 아기들을 공원으로 데려가는 것을 계속 미뤄왔다. 힘들어도 웬만하면 그냥 거기서 키울 수 있도록 하려고 나는 작정하고 있었다. 이제 턱시도 엄마가 아기를 낳은 지 두 달이 되어 엄마 묘를 중성화해야 했다. 두 달이 넘으면 또다시 임신할 수 있으니까.

"이 집이에요. 어르신 집에 계세요?"

직원이 할아버지를 불렀다. 열려 있는 방에서 머리가 하얀 깡마른 할아버지가 나왔다. 방 안에는 담배 연기, 무언가 찌든 냄새가 가득했다. 나는 코를 만지는 척하면서 숨을 참았다. 방이라야 TV와 이부자리, 서랍장 하나를 빼면 한 사람이 누울 수 있는 공간이 전부였다. 전형적인 쪽방이었다. 화장실도 밖의 공동 화장실을 사용해야 한다.

이런 공간에 거짓말처럼 천사 같은 네 마리의 주먹만 한 아기들이 군데군데 박혀 있다. 까만색과 갈색의 삼색이 아기는 TV 뒤에, 검은색과 하얀색이 섞인 점박이는 이불 구석에서 빼꼼히 고개를 내밀었다. 올블랙 아기 냥 두 마리는 창문턱에 앉아 있다. 난 길게 한숨을 내쉬었다.

그런데도, 이렇게 열악한 공간이 공원보다 낫다는 생각이 드는 건 왜일까?

최근 공원에서는 로드킬로, 내가 발견한 사체만 해도 다섯 마리가 넘었다. 나무들도 많고 연못도 있어 나름 자연이라고 생각했던 공원이 이렇게도 위험한 곳이었다니!

공원은 사면이 도로로 둘러싸여 있어 로드킬이 자주 일어났다. 게다가 점점 흉흉해지는 세상에 동물 학대자가 언제 나타날지 아무도 알 수 없다. 이미 나타났었는지도 모르지.

할아버지가 엄마 턱시도를 가방에 넣어주었다. 엄마 묘 애니는 눈이 크고 녹색이어서 인형 같다. 애니는 나지막하게 야옹거리며 큰 눈을 불안하게 움직였다. 녹색 눈을 들여다보며 나는 말했다.

"괜찮아. 애니야. 수술만 하고 돌아올 거야. 이제 힘들게 살지 말자."

아기들이 6개월이 되면 중성화해 주고 사료 배달도 계속하기로 약속했다. 할아버지는 거의 방치하는 듯했지만, 쫓아내지 않은 것만 해도 너무 감사한 일이었다.

다음 날 퇴근 후, 동물병원으로 중성화 수술을 한 애니를 데리러 갔다. 애니는 벌써 기운을 차린 듯 앉아 있다. 무엇을 찾는 것인지 계속 고개를 두리번거렸다.

'아기를 찾는구나. 애니.'

서둘렀는데도 밤 9시가 되어서야 할아버지 집에 다시 도착했다. 방문은 열려 있고 할아버지는 집에 없다.

"애기들이 어디 있지? 아. 여기 있네?"

애기 네 마리가 줄줄이 창문에 매달려 있는 것이 아닌가. 엄마를 기다렸구나!

나는 가방 문을 열었다. 중성화 수술 후 아직 회복이 안 되어 아픈 몸인데도 애니는 사뿐히 창문턱으로 뛰어올랐다.

이 쪽방에서라도 잘 살았으면.
그래도, 어찌 됐든, 여기는 집이니까.
길이 아니니까.

공원에는 비가 오고 있다. 사람들도 고양이들도 보이지 않는다. 젖은 사료를 버리고 새로 담고 비바람에 더러워진 급식 터를 정리하는 중이었다.

"어? 리리야. 왜 비 맞고 다녀."

작은 주먹만 한 노란 솜뭉치가 걸어왔다. 2주 전 이사 온 애기냥 리리다. 역시 다세대 쪽에서 나타난 것 같다. 리리는 다가와 나의 슬리퍼에 붙었다. 2주 동안 공원에 오는 사람들이 얼마나 만졌는지 강아지가 다 되었다. 이제 리리는 누구든지 사람만 보면 다가왔다. 우산을 씌워주었지만 이미 비를 흠뻑 맞은 채였다. 리리는 작은 몸을 흔들어 옅은 노란색 털의 빗물을 털어냈다. 그러더니 조그마한 머리를 들어 나를 바라보았다. 순간, 나의 갈색 눈동자와 리리의 노란색 눈동자가 빗물 속에서 마주쳤다.

'애니. 이제 아기를 낳지 않게 돼서 천만다행이야.'

나는 진심으로 생각했다. 아무리 귀엽게 생긴 아기들이라도, 아무리 예쁘더라도 태어나선 안 돼. 인간은 오랜 세월 동안 고양이를 길들여 왔지만 책임지지 않으니까.

길고양이는 야생동물도 반려동물도 아닌 채로 길에 버려져 있다.

▲ 비 맞은 애기 리리

엄마 왔나? ▶

◀ 애니

◀ 엄마 기다리는
애기들

애니 중성화 후 ▶

▲ 애니와 애기들(모유 수유 중)

[여덟 번째 이야기]

공원에서 발견된 다리 부러진 아기 치즈 고양이는 어디로 갔을까?

그동안 힘든 걸 몰랐었다면 너무 낙천적이었을까?

〔리리가 어제 교통사고로 다리가 골절된 것을 발견했어요. 병원에 갔더니 병원비가 엄청나게 나올 것 같다고 해서 집에 그냥 데리고 있어요. 밤새 울고 난리인데 어떡하죠....〕

주말을 보내고 출근한 월요일, 지은님에게서 장문의 문자가 와 있다. 나는 깜짝 놀랐다. 아니, 병원이 아니라고? 가까운 동물병원으로 데려오라고 하고 바로 입원시켰다. 두 달 된 공원 아기 고양이 리리는 사고 난 지 하루가 지나서야 치료를 받을 수 있었다.

뒷다리 두 개가 모두 부러져 수술해서 뼈에 핀을 박아 넣었다. 뼈가 잘 붙기 위해서는 움직이면 안 되기 때문에 50cm 정도의 네모난 유리로 된 입원실에 들어갔다.

다행인 것은 다리만 부러졌다는 것이라고, 골반이나 항문, 엉덩이 쪽은 괜찮아서 나중에 나으면 배변이나 걷는 것은 문제없을 것 같다고 수의사는 말했다.

'그래. 다행이긴 다행인데.'

나 또한 입원비며, 수술비가 걱정되었다. 집고양이라 해도 몇백만 원이 나오면 큰돈일 것이다. 그런데 공원 고양이라면, 누가 책임질 것인가.

'그렇다 해도 어떻게 입원시키지 않을 수가 있어.'

지은님이 이해 안 가는 것은 아니었다. 4마리의 고양이를 책임지는 1인 가구로 힘들게 살아가는 것을 알고 있다. 하지만 사실 공원 고양이들을 개냥이로 만든 것에 지은님의 책임이 없다고 할 수 없었다. 매일 밤 강아지 산책하는 사람들과 함께 공원 고양이들을 모아놓고 만지곤 했으니까.

"저, 이 애기 고양이 입양하시겠어요?"

며칠 전 점심시간, 공원에서 리리를 바라보고 있었는데 누군가 물었다.

"네? 저요? 저는 이미 여섯 마리 고양이를 키우고 있어요."

"아! 고양이 관심 있어 하시는 것 같아서요."

관심? 관심 정도겠어? 30대 정도로 보이는 여성은 아쉽다는 표정을 지으며 돌아선다. 아마 근처 지역 주민이겠지. 그러나 가장 아쉬운 사람은 나였다. 여기 공원은 모두 우리 동아리가 돌보는, 이름 지어준, 중성화시킨 고양이들이 사는 지역이다. 10마리 이상 살고 있고 중성화시킨 고양이만 해도 30마리가 넘었다(이사 오고, 지나가는 고양이도 중성화했으니까).

개냥이가 길에서 사는 것이 얼마나 위험한지 누구보다도 잘 알고 있는 나야말로, 리리의 입양이 시급하다는 것을 모를 수가 없다. 입양 때문에 얼마나 전화하고 고민했는지 모른다. 하지만 다들 이유가 있었다. 남편이 싫어한다든지, 가족 중 한 사람이 고양이 알레르기가 있다든지, 집이 너무 좁다든지. 강아지를 키운다든지. 하는 그런. 한숨만 나왔다. 방법이 없었다.

한 달 반 된 작은 치즈 고양이. 어디서 왔는지 몰라도 3주 전쯤 공원으로 이사 왔다. 개냥이만 아니라면 이렇게까지 고민하지 않았을 것이다. 어차피 입양이 어렵다는 것을 그동안의 경험으로 절실히 알고 있었으니까.

걱정스럽게도 처음 나타났을 때와는 다르게 리리는 급속도로 개냥이가 되어갔다. 아기 고양이라서 귀엽다고 사람들은 간식도 가져오고 심지어 몇 명은 장난감까지 가져와서 놀았다. 이젠 사람이기만 하면 리리는 누구에게라도 다가갔다.

처음에는 공원 고양이에게 너무 접근하는 사람들에게 길고양이를 개냥이로 만들지 말라고 말했었다. 그러나 충분히 이유를 설명했고 그 당시에는 알았다고 했는데도 다음 날이 되면 그들은 어김없이 또 장난감을 들고 다시 나타났다. 도대체 왜!

나도 근무 시간에는 나갈 수가 없고 점심시간과 퇴근 후에 잠깐 나가는 거라서 사람들을 통제할 수 없을 뿐만 아니라, 그럴 권한 또한 없었다. 그래서 이젠 그런 사람들을 보아도 한숨만 쉴 뿐이었다. 점심시간마다 리리와 노는 사람들이 보였지만 나는 외면할 수밖에 없다. 그런데 얼마 되지 않아 교통사고가 난 것이다. 그렇게 놀았던 사람들 모두, 리리가 두 달째 병원에 있어서 보이지 않아도 아무도 물어보는 사람은 없다.

그래도 어찌 됐든 다친 고양이는 치료받아야 한다. 나는 동아리 모금도 하고 동아리 회비에서도 갹출했지만 상당 부분 모자랐다. 내가 책임져야 했다. 지난해 아빠 돌아가실 때 상속받은 돈이 조금 있었다. 얼마 되지 않지만, 아빠가 먹을 것 안 먹고, 입을 것 안 입어 모은 돈이었다. 4자매가 나눠 큰 금액은 아니었다. 하지만 사실 이 돈은 어차피 내게 안 올 수도 있었다. 이런 일에 쓰면 보람된 것 아닌가?

그러나 문제는 더 큰 문제가 여전히 남아 있다는 사실이었다. 동물병원에서 골절 치료를 받으면서도 리리는 무럭무럭 커갔다. 생후 두 달 때 병원에 들어와서 70일을 치료실에 있었다. 넉 달밖에 안 되는 생의 반 이상을 병원에서 보낸 것이다.

애기 때도 입양이 되지 않았는데, 병원에 있고 다리도 성치 않은 아이를 누가 입양할까?

공원에 살던 아이라서 방사가 답이었지만 그럴 수는 없다. 개냥이기 때문에 방사한다면 또다시 사람들이 데리고 놀겠지. 개냥이 테리가 죽은 지도 얼마 되지 않았다. 개냥이 리리를 놓아준다면 이번엔 정말 어떻게 될지 알 수 없었다. 난감했다. 병원에서는 다 나았다며 퇴원하라는데 리리는 갈 데가 없다. 개냥이만 아니었다면 아무리 병원비를 많이 냈어도 방사했을 것이다. 다른 어떤 방법도 없었으니까.

우리 집에는 6마리의 고양이가 있다. 입양 이야기를 꺼내자,

아이들과 남편 모두 당연히 반대했다. 나는 절망했다.

"어떻게 방사해. 그럴 수는 없어. 정말 어떡하지."

민혁은 외면했고 하늘이와 바다가 반대 끝에 함께 고민했다. 하늘이가 아이디어를 냈다.

"베란다에 격리할까? 거기 햇볕도 잘 들어 따스하고, 나름 넓잖아. 2주만 격리하고 루나랑 거실로 합사하는 거 어때요?"

"아, 베란다. 괜찮겠다. 설마 루나가 죽이지는 않겠지."

베란다는 폴딩 도어로 되어 있어서 닫으면 거실과 격리된다. 정리를 하니 1인 가구 전세를 주어도 될 만큼 넓고 좋은 공간이 나왔다. 움직일 수조차 없는 케이지 같은 병원 입원실에 비하면 천국이었다. 리리의 다리는 잘 나아서 거의 날아다니는 수준이었다. 그럼에도 한숨만 나왔다.

합사가 잘 될까. 이런.

그동안 힘든 걸 몰랐었다면 너무 낙천적이었을까? 무거운 짐을 진 것을 이제야 깨달은 듯 나는 깊은숨을 또다시 내쉬었다.

집에 온 지 이틀째, 리리는 천진난만하게 베란다를 뛰어다니고 있다.

설날에는 언니 집에 간다

이틀이 지나기도 전에 리리는 투명한 창으로 거실을 바라보며 시위했다. 베란다에서 안으로 들여보내달라며 소리를 질러댔다. 작은 고양이가 목소리도 우렁찼다. 어차피 병원에 70일이나 있었기에 감염의 우려는 없었다.

하지만 거실에 불독처럼 버티고 선, 루나!

리리를 바라보는 루나의 눈은 날카로웠다. 10시 10분 모양이었다.

'루나한테 맞을 텐데?'

루나보다 더 큰 고양이들까지도, 모두 쫓겼는데? 애기인데 맞으면 안 되잖아. 하지만 저렇게 소리를 질러대니. 설마 애기를 죽도록 때리지는 않을 거야. 고양이들이 애기는 좀 봐주잖아? 루나가 그래도 완전히 나쁜 애는 아니니까.

삼 일째, 난 고민 끝에 폴딩 도어를 열었다. 리리는 문에 붙어 있다가 거실로 들어왔다. 예상대로 루나가 리리를 덮치려고 다가갔다. 찰나의 순간, 서로 눈싸움을 했던가? 둘은 서로 안고 한 바퀴 굴렀다. 누구 힘이 더 센지 겨루는 모양, 하지만 루나가 두 배 이상 더 크지 않나. 애기가 다치면 안 되는데….

다음 순간, 나는 눈을 의심했다. 도망치는 것이 루나인가? 작은 리리가 기세등등 루나를 뒤쫓았다. 게임 끝이었다.

인간세계도 그럴까? 고양이들은 처음 기선제압이 가장 중요하다. 첫 싸움이 평생의 싸움을 지배한다. 힘이 세든 세지 않든 그것은 나중 문제다. 솔직히 힘은 루나가 훨씬 셀 텐데도 리리의 파죽지세 공격에 루나는 속수무책이었다. 그러고도 리리가 계속 공격해서 결국 루나를 안방에 가두었다.

루이, 라온, 새온 어르신들은 함께 바다 방에 넣고 아리, 다온은 하늘이 방에 넣고 결국 거실은 루나 대신 새로운 다크호스 리리가 차지해 버렸다.

아기여서 그랬을까? 리리는 전혀 상대를 무서워하지 않았다.

그냥 덤벼들었다. 그러나 다른 아기들은 그러지 않았는데. 처음 왔을 때 아리는 다른 고양이들을 엄청나게 무서워했잖아.

"루나, 사나운 게 아니었어?"

가족들 모두 놀랐다. 루나는 우리 집에 있던 다섯 마리의 고양이를 다 제압했다. 그런데 4개월짜리 아기에게 쫓겨 방에 가둬지다니!

이제 우리 집은 이중으로 가둬진 구조가 되었다. 루나에게서도 가둬지고, 리리에게서도 가둬지는 이중구조. 이렇게 되면 가두어진 고양이들(루이, 라온, 새온, 아리, 다온, 루나까지)은 방에서 나오기 힘들어진다. 리리도 피하고, 루나도 피해야 해서 다른 아이들이 나올 공간이 없다. 그동안은 합사가 되지 않았어도 루나를 가두고 거실에 교대로 나왔었다. 나름 그래도 교대로 자유로운 시간이 있었다.

더군다나 루나가 맞다니! 리리가 맞았다면 그나마 걱정이 덜했을 터였다. 시간이 흘러 서로 익숙해진다면 나아질 거라 기대했을 테니까. 하지만 루나와 다른 아이들이 맞는다면 얘기가 다르다. 이렇게 된다면 상황은 더욱더 나빠질 뿐 좋아질 수는 없다. 커가면서 수컷인 리리는 점점 더 힘이 세질 테니까.

고민 끝에 나는 언니를 떠올렸다. 언니는 동물을 키우지는 않지만, 고양이에 대한 애정이 있어 보였다.

"나 합격했는데 어떡해…."

등록금이 없는 국립 교대에 떨어지고, 사립인 후기대에 붙었다. 부모님은 능력도 의지도 없었다. 대학에 들어가면 알바를 하면서 다닐 수 있다 하더라도 첫 학기 등록금은 마련할 방법이 없었다. 대학생이 될 수 있을까? 나는 자포자기 상태였다.

등록 마지막 날, 언니는 하얀 봉투를 내게 내밀었다. 언니의 5달 치 월급을 가불한 봉투였다. 4년의 대학 생활은 나에게도 언니에게도 길었다. 나는 대학을 졸업한 후 바로 공무원이 되었고 등록금은 갚았다. 하지만 결혼해서 두 자녀와 남편까지 부양하는 언니는 계속 힘들었다. 이후, 나도 결혼하고 애기 둘을 키우면서 생활이 빠듯해서 언니를 보살피지 못했다.

「리리 데리고 와. 잘 키워줄게. 형준이도 괜찮대.」

어릴 때 언니는 언제나 나의 힘이었다.

「진짜 고마워. 언니. 우리 설날에 보자. 하늘이, 바다도 리리 보러 설날에 같이 간대.」

「그래. 설날에 와. 떡국 끓여줄게.」

하얀 머리털 같은 구름이 파란 하늘에 떠 있다. 아빠가 돌아가신 지 6개월이 지났구나. 이제 나는 엄마도 아빠도 없다. 하지만 언니는 있다.

힘들 때 누가 있다면 얼마나 좋을까? 창밖으로 『점 잘 보는 집』 광고 플래카드가 걸려 있다. 거짓 위로는 한낱 술에 불과할 뿐이야. 그런 건 필요 없다. 진정한 위로가 나에게 필요할 뿐.

"루나. 너 말썽 피우면 언니 집에 데리고 간다? 마루한테 또 맞을래? 착하게 지내. 알겠지?"

리리가 언니 집에 간 지 한 달이 넘었다. 이름도 '마루'로 개명했다. 외동 냥이 되어 잘 지낸다지? 덕분에 루나도 왕 자리를 되찾았다. 거실의 햇볕을 독차지한 루나, 따뜻하게 데워진 루나의 등을 만진다.

루나는 골골송을 부른다.

▲ 한 달 된 리리

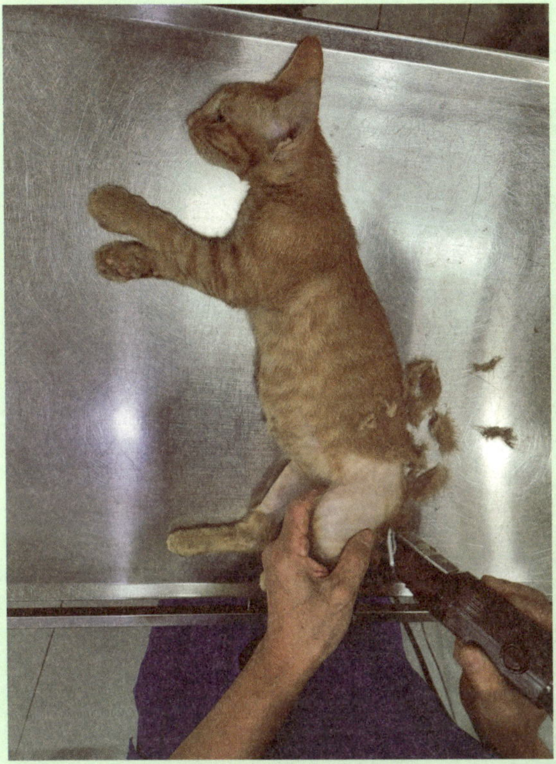

▲ 리리 수술 중

▲ 리리 회복(70일 입원)

▲ 리리 - 마루로 개명(언니 집)

[아홉 번째 이야기]

후지마비 고양이가 잘 살고 있다고?

예쁜 치즈 고양이

일요일, 당직이었다. 오후 내내 길고양이 사체 치우기, 너구리 사체 치우기, 공사 소음 민원 등을 해결하고 다시 사무실로 돌아오는 길이었다. 모르는 전화는 받지 않았었지만, 그날은 민원 전화일지 몰라서 통화 버튼을 눌렀다.

"저 박지은의 친구 현서라고 하는데요."

현서님? 전에 한번 지은님과 함께 있는 모습을 본 적이 있다. 아마 옆의 아파트 캣맘이었지?

사실, 두 달 전 다친 고양이에 대한 병원 비용과 입양까지 내게 떠넘긴 지은님과 연락을 끊고 있었다. 계속 지은님의 해결사가 될 수도 없을 뿐만 아니라 연락을 받아도 마음만 아플 뿐, 더 이상 능력이 되지 않았기 때문이다. 그런데도 지인을 통해 연락을 해오다니. 감당할 수 없는 큰일이 또 일어난 것일까? 예상대로 통화 내용은 심각했다.

공원 치즈 고양이, 예치가 알 수 없는 사고로 다쳐 병원에 있다는 거였다. 병원에서는 척추가 부러졌다고 하는데, 큰 병원으로 옮겨야 한다고 했다.

척추가 부러졌다? 이것은 중증 중에서도 중증이다. 사실 수술은커녕 회복조차 불가능할 수도 있다.

공원에는 세 명의 개냥이가 있다. 모두 나타난 시기가 다른 치즈 고양이다. 리리. 예치, 레나 중에서 리리에 이어 또 예치가 사고를 당하다니. 이럴 수가!

이제야 겨우 리리를 언니에게 입양 보냈는데. 리리는 두 달이나 입원했었다. 이 과정에서 엄청난 비용과 입양을 책임져야만 했다. 그런데 또 감당할 수 있을까?

직원 동아리의 회비로는 공원의 사룟값만 겨우 충당할 수 있을 뿐이었다. 나는 힘없이 전화를 끊었다. 하지만 그날 밤, 잠이 오지 않았다. 밤새 고민 후 결국 다음 날 아침, 현서님에게 전화를 걸었다.

"예치를 지금 그 병원 말고 전에 리리가 입원했던 병원으로 데리고 오세요. 그렇게 하시면 제가 예치를 맡을게요. 대신에 조건이 있습니다."

리리를 치료했던 그 병원이라면 어떻게든 해볼 수 있지 않을까? 그 병원 원장님은 길냥이들을 위해 할인도 많이 해주고 치료도 정성을 다하는 사람이니까. 하지만 이런 일이 반복되면 안 된다. 그래서 한 가지 더, 나는 조건을 내걸었다. 예치를 나에게 맡기는 대신, 공원에서 더는 개냥이를 만들지 말라고 말이다. 매일 강아지 산책하는 사람들과 지은님이, 간식을 주는 그 모임을 해체하라고 했다.

사실 레나와 예치, 리리까지도 처음부터 그 정도로 개냥이는 아니었다. 몇 달째, 지은님과 그분들이 하루에 한 시간도 넘게 모여서 얘기하고 간식을 주기 시작한 후부터 확실히 더 사람을 따랐다. 오후 8시경이었던가? 그때가 되면 공원의 모든 고양이가 몰려들었다.

물론 그렇다! 알고 있다. 그분들은 고양이를 사랑하는 마음에서, 안쓰러운 마음에서 하는 일이란 것을. 누구보다도 동물을 사랑하는 사람들이라는 걸. 하지만 문제는 그들만 공원에 있지 않다는 것이었다. 이미 걱정스러운 사고가 계속 나고 있던 터였다. 급식 터가 내팽개쳐지고 부서져서 신고한 게 몇 번째인지 모른다.

도대체 공원에 무슨 일이 벌어지고 있는 것일까? 단지 고양이 뺑소니 교통사고가 연달아서 나고 있는 것일까? 아니면 정말 동물 학대자라도 있는 것일까? 경찰서에서는 급식 터 공공기물 파손에 대해서 3개월이 넘어서야 '미제사건'으로 넘긴다는 종이 한 장을 보내주었을 뿐이었다. 이 모든 것을 알고 있는 지은님이 아닌가.

지은님의 친구 현서님은 전달하겠다고 했고 곧 생각해 본다는 답변이 돌아왔다. 나는 예치를 기다렸다. 리리 때보다도 훨씬 치명적인 사고라서 더욱 난감했지만, 외면할 수는 없다. 일곱 달 전, 공원에 처음 나타났을 때 '예치'(예쁜 치즈 고양이)라는 이름도 내가 지어준 것이잖아.

"유기묘 같아요. 애기가 손을 타요."

처음 발견한 것은 지은님이었다. 공원에 나타났을 때 예치는 두 달 정도 되었을까? 노란색의 치즈 고양이, 예쁘고 개냥이고 애기라서 부단히 입양을 추진했지만 되지 않았다. 6개월이 넘어 중성화했고 다른 아이들처럼 귀가 잘려, 젤리와 카레 사이에서 같이 놀았었지. 리리가 나타났을 때 돌봐주고 같이 다니던 예치였는데. 이제 9개월령이던가? 그런데 척추가 부러지다니!

다시 전화가 울렸다. 지은님은 예치를 데려올 수 없다고 했다. 인터넷에서 고양이 후원하는 곳을 찾은 것 같았다. 그곳의 도움을 받아 24시간 동물병원으로 옮긴다고 했다. 오후에 갑자기 후원협회랑 연락이 닿아서 병원을 옮긴다고, 어찌 됐든 협회가 있으니 자기가 알아서 하겠다는 거였다. 이렇게 된 이상 나도 뭐라 말할 수가 없었다.

"예치는 아마 살아나더라도 평생 누워서 살아야 한대요."

며칠 뒤 현서님에게 다시 연락이 왔다. 너무 심하게 다쳐 수술할 수가 없다고 한다. 상반신과 하반신을 잇는 척추가 부러져 어쩌면 치료 과정에서 죽을 수도 있다. 천행으로 살아난다 해도 척추 아래로 하반신 마비가 될 것이라 했다. 어쨌든 지은님과 그 협회는 전력을 다해 치료하고 있던 터였다. 너무도 고마운 일이었다. 하지만 최선의 결과가 하반신 마비라고? 나는 마음이 착잡했다.

도시의 길고양이에게 교통사고는 주요 사망 원인이다. 로드킬이 이렇게 많다면, 다치는 고양이들은 당연히 그보다 훨씬 더 많을 것이다. 일반적으로는, 만약 캣맘에게 구조가 되지 않았다면 신고가 된 다친 동물들(신고가 되지 않았다면 어디론가 사라져 죽는다. 고양이들은 아프면 숨는 본성이 있다)은 국가나 지방자치단체의 동물보호센터로 옮겨질 것이다. 하지만 그곳은 이름처럼 동물을 보호하거나 치료하는 곳이 아니다. 유기된 동물들을 잠시 관리하는 곳이다. 찾아가지 않은 동물들은 아프지 않은, 건강한 동물이라 할지라도 2주간의 공고 후 안락사할 수 있다. 그곳으로 갔다면 예치는 어떠한 삶의 가능성도 없었겠지.

하지만 그럼에도 내 머릿속은 복잡했다. 누워서라도 살아간다는 게 과연 어떤 의미일까? 행복한 삶이 아니라 할지라도 삶의 의미가 있는 것일까? 아니 누워서 살아갈 수나 있는 것일까? (현실적으로 비용과 시설, 인력은 있나?)

끝도 없는 물음표만이 떠올랐다.

로또 맞은 150마리 고양이

〈목적지에 도착하였습니다. 안내를 종료합니다.〉

도로에서 오른쪽으로 노후된 집 하나가 보였다. 나는 차를 그 앞에 세웠다. 산 중턱, 옆에는 아무런 건물도, 표지판도 없다. 산 속에 덩그러니 3층짜리 주택 하나가 전부였다. 곳곳에 벗겨진 페인트, 짙은 황색의 녹물이 흘러내리고 있다. 유리창은 모두 블라인드가 쳐져 있어 적막해 보였다.

"여기예요? 버려진 빈집 같아요."

나는 뒷좌석의 현서님을 돌아보며 말했다. 그녀는 전화를 해보더니 맞다고, 곧 관리자가 나올 거라고 한다.

이렇게 산속이라니. 극도로 보안에 신경 쓴 것 같았다. 그럴 수밖에 없겠지. 동물을 유기하는 사람들이 '고양이 쉼터'인 걸 알게 된다면 이곳에 버리고 갈 테니까.

아무런 죄책감 없이, 오히려 안심하면서.

〈예치, 잘살고 있어요. 다행히 쉼터에 입소하게 되었어요.〉

지은님과 후원협회가 예치를 맡은 이후 두 달이 지났다. 현서님에게서 문자가 왔다. 문자 마지막에 후원협회의 홈페이지가 링크되어 있다. 협회의 게시판에는 그곳에서 운영하는 고양이 쉼터에 입소하게 된 아이들의 동영상이 날짜별로 업데이트되어 있다.

현서님은 2년 전 예치처럼 사고를 당해 하반신 마비가 된 고등어태비를 그곳 쉼터로 보냈었다고 했다. 이번에 예치도 현서님이 소개해 주었다고 한다. 나는 함께 봉사 활동하러 가자고 제안했고 그녀도 그동안 가본 적이 없다며 찬성했다. 하늘이도 같이 가게 되어 3명이 소도시에 있는 고양이 쉼터로 출발했다. 토요일이었고 막히지는 않아서 1시간 반 정도 걸렸었나. 도시를 벗어나 한적한 도로를 따라 운전하다 보니 산 한가운데에서 내비가 멈췄다.

머리에 꽃무늬 두건과 앞치마를 두른 여자분이 현관문을 열고 나왔다. 나는 준비해 간 사료와 캔 박스를 하늘이와 나눠 들고 건물 안으로 들어갔다. 문을 열자마자 특유의 고양이 화장실 냄새가 코를 찔렀다. 6마리 집사인 나와 하늘이도 숨쉬기 힘들었다. 여기 총 150마리라고 했지? 고양이가 깨끗한 동물이기는 하지만

150마리 중에는 별별 아이들이 다 있을 터였다. 나이가 지긋하신 봉사자가 우리를 안내했다.

"1층에는 사람하고 좀 친한 아이들이 주로 있어요."

우리가 다가가자 열 마리 정도, 호기심 많은 고양이가 다가와 냄새를 맡았다. 그보다 더 많은 고양이는 벽 쪽 철창에 들어가거나 구석진 곳으로 숨었다. 50평쯤 될 듯싶은 마루가 깔린 커다란 방이었고 가운데 있는 긴 받침대 위에 밥그릇과 물그릇이 30여 개 줄줄이 놓여 있다.

70마리 정도 될까? 밥 먹는 아이, 물 먹는 아이, 화장실 간 아이, 노는 아이, 자는 아이 등등, 고양이가 할 수 있는 모든 것을 하는 고양이들! 오른편에 커다란 소파에도 고양이들이 15마리도 정도 모여 자고 있다.

이렇게 많은 고양이라니! 세상에! 코숏뿐만 아니라 노르웨이 숲, 샴, 터키쉬 앙고라, 랙돌, 러시안 블루, 브리티시 숏헤어, 페르시안 고양이 등 품종 냥들도 많았다. 그러나 여기 있는 이 많은 품종 냥들은 다 누군가 버리고 간 고양이들이라는 것, 대부분 코숏은 교통사고나 병으로 왔을 테고 품종 고양이는 유기되어서 왔을 터였다. 이곳은 최전선이었다.

"예치야. 애고 이런."

하늘이가 먼저 예치를 발견했다. 예치는 중앙에 있다. 하반신 마비라서 움직이지 못하는 만큼 다른 아이들로부터 보호하기 위해선지 플라스틱 펜스를 쳐놓았다. 옅은 노란색 털, 그리고 하얀색 발과 입, 여전히 예치는 이름처럼 예뻤지만….

예치는 맑은 눈으로 조용히 우리를 바라보았다. 예치야. 예치는 공원에서처럼 머리를 들이밀지 않았다. 단지 눈을 깜빡일 뿐이다. 알아볼 리 없겠지. 벌써 3개월이 지났으니. 얼마나 힘들었을까? 그리고 지금, 이 순간도 얼마나 힘들까? 그래도 상반신은 움직일 수 있어 앞다리로 끌어서 기어다닐 수는 있는 모양이었다. 예치도 다른 아이들처럼 발랄했었는데. 이렇게 평생을 살아야 하는 건가.

봉사자가 와서 배뇨해 주었다. 척추가 부러졌다는 것은 하체의 감각을 상체의 뇌로 전달할 수가 없다는 것이라서 요의를 느끼지 못하기 때문에 하루에 몇 번씩 이런 작업을 해주어야 한다.

"이런 아이들이 이 센터에 3명 있어요."

"이렇게 배변, 배뇨를 해주어야 하는 아이들이요?"

"네. 예치하고 고동이하고 노라하고."

예치는 입소한 지 1개월 정도 되었고 고동이는 2년째, 러시안 블루인 노라는 1년쯤 된 것 같았다. 노라는 주인이 안락사시킨다고 해서 데려왔다고.

"현서님이 고동이 후원자시죠? 고동이 보여드릴게요. 따라오세요."

1층의 왼쪽 끝에는 따로 분리된 구역이 있다. 그곳은 불투명한 유리로 된 문을 열어야만 들어갈 수 있다. 환자 전용 구역이다. 민감하고도 중증인 환자만 모아놓은 곳 같다. 들어가자, 곳곳에서 으르렁 소리가 폭풍전야에 낮게 깔리는 바람 소리처럼 들려왔다.

"여기 애들은 아프고 민감해서 사람들이 들어오는 걸 싫어해요. 알았다. 빨리하고 나갈게."

10평 정도 되는 공간, 동물병원처럼 3층으로 쌓인 철창 속에는 다양한 아픈 고양이들이 있다. 두 눈이 없는 고양이, 한 눈만 없는 고양이, 팔 한쪽이 없는 고양이, 다리가 다 없는 고양이 등등…. 다들 무슨 사연일까.

도대체 어디서 온 걸까?

그 많은 철창 속에서 봉사자는 고등어 태비 '고동'이를 꺼냈다. 현서님은 2년 만에 보는 고동이가 반가워 연신 이름을 불러댔다.

"아! 고동아! 고동아!"

그러나 고동은 으르렁거리기만 했고 봉사자는 배뇨를 해주었다. 배뇨를 마친 고동이는 바로 옆의 철창으로 기어들어 갔다. 그동안 고동이는 봉사자에게나 현서님에게까지도 눈길 한번 주지 않았다.

너무 힘든 걸까? 자세히 보니 고동이는 앞다리만 두 개 있고 뒷다리가 둘 다 없다. 2년 전 하반신 마비로 입소했는데 이렇게 2년을 보내다 보니 다리가 썩어 들어가서 얼마 전 절단했다고 한다. 그 비용도 상당해서 현서님의 퇴직금 일부를 보냈다지?

"원래는 개냥이였는데…."

현서님은 한숨을 쉬었다.

"이제 2층으로 가시죠. 2층엔 1층보다 덜 친화적인 애들이 있어요. 3층은 진짜 샤이한 애들이고."

봉사자는 계단을 올라갔다. 우리도 따라갔다.

1층처럼 50평의 공간에 사방 벽을 따라 3층으로 철창이 쌓여 있다. 철창 속에는 한 마리씩 고양이들이 모두 들어 있다. 이 속에는 밥, 물, 화장실도 하나씩 있다.

"너무 공격적이거나, 아니면 너무 약해서 공격당하거나 하면

풀어놓을 수가 없어요. 싸우다가 다칠 수 있으니까."

너무 강하거나 너무 순한 아이들. 결국 자유롭게 다닐 수 있는 아이들은 적당히 사람들과도 친하고 고양이하고도 친한 아이들이었다.

"이제 3층이 마지막이에요. 여기 올라갈 때 진짜 조심해야 해요, 정말 수줍어하는 아이들이니까."

하늘이와 나는 소리 나지 않게 걸었다. 3층은 옥탑방 같았다. 지붕이 낮아 겨우 일어설 수 있다. 어두컴컴한 방에 40여 마리의 아이들이 모여 있다. 조심했지만 올라온 순간 모두 우리를 쳐다보았다. 동그란 머리들이 사방에서 우리를 향해 있다. 나와 하늘이는 소리도 못 내고 웃었다. 80여 개의 눈동자가 동그랗게 눈을 뜨고 놀란 모습이란!

"엄마. 그래도 여기 들어온 고양이들은 로또 맞은 거야."

하늘이의 말에 웃음 지으면서도 나는 한숨을 쉬었다. 그래, 그렇지. 그럼에도 150마리는 너무 많았다. 한 마리 한 마리 모두 신경 쓸 수가 없을 터였다.

쉼터에서는 최선의 최선, 정말 인생의 모든 것을 바쳐, 온 힘을 다하고 있는 거였지만….

나는 30여 개의 고양이 화장실을 치웠다. 그사이 하늘이와 현서님은 장난감으로 고양이들과 놀아주었다.

저렇게 좋아할 수가! 오랜만에 쉼터 고양이들이 강아지처럼 뛰고, 나비처럼 날아올랐다.

(예치는 1년 후 지은님에게 입양되었다는 소식을 들었다. 지은님은 힘든 생활에도 고양이에게 진심이었다. 누군가 고양이 휠체어도 기증해 준 모양이었다. 후지마비 고양이도 행복한 삶을 살 수 있는 것일까? 어쩌면 지은님은 그것의 모범 답안일지도 모른다.)

애기 예치 ▶

◀ 미묘 예치

리리 돌봐주는 예치 ▶
(예치 8개월쯤)

▲ 쉼터에서(후지마비)

[열 번째 이야기]

우리에게 희망이 있는 것일까?

쁘니의 묘생이 행복했으면 좋겠습니다!

〔아직 못 잡으셨어요?〕

〔네, 연휴 3일 동안 매일 나왔는데도, 쁘니가 포획 틀을 알아 보나 봐요. 절대 안 들어가요〕

다른 과에 근무하는 직장 고양이 돌봄 동아리 회원과의 톡이었다. 쁘니는 작년 6월 정도에 시청 정원에 나타난 고양이로 지난해 가을에 중성화했고 올해 나이 10개월이 되어가는 어린 태비 고양이였다. 흰색이 많고 갈색 태비 무늬가 꼬리에만 있다. 예쁜 데다 개냥이고 몸집이 작아 인근 주민들과 직원들이 많이 보러 왔다.

지난주 쁘니의 귀가 부풀어 오른 것을 발견했다. 아침에 나가 보니 한쪽 귀가 만두처럼 부풀어 있는 것이 아닌가? 인터넷을 검색해 보니 '이개혈종'이라는 것으로 진드기나 외상이 원인이 되어 귓속의 혈관이 터져 귓속에 피가 차올라 동그랗게 부풀어 오르는 것이라고 한다. 아마도 길고양이인 쁘니는 진드기 때문인가 보았다. 자연치유가 되지 않기 때문에 귀의 피를 빼는 수술이 필요하다. 실밥을 풀기까지 최소한 2주 동안 입원해야 한다.

마음은 복잡했다. 길고양이인데 2주를 입원해야 한다는 것도 문제지만, 치료 후 다시 방사해야 한다는 것은 더욱 큰 문제였다. 이개혈종은 한번 앓게 되면 재발이 빈번하다고 한다. 길에 산다면 진드기는 당연히 계속 있을 것이다. 그렇기에 쁘니를 다시 길에 내보내는 것만은 피하고 싶었다. 하지만 방법이 없다. 우리 집에 데려가는 것을 또다시 고민했지만, 6마리를 키우는 데다 합사가 됐어도 아직도 루나가 다른 고양이들을 괴롭혔다.

어쨌든 잡아야만 했다. 하지만 쁘니는 포획 틀 근처까지만 가고 절대 들어가지는 않았다. 첫날은 닭고기를, 둘째 날은 고등어를, 셋째 날은 추르를 통째로 넣었어도 쳐다보기만 했다.

6개월 전 중성화 때를 기억하는 걸까?

그때 쁘니는 아주 쉽게 잡혔었다. 포획 틀을 설치한 지 1분 만에 들어갔다. 나를 믿는 것 같았다. 잡힌 후 너무 몸부림쳐서 코의 피부까지 벗겨졌었지. 그때의 배신감이 다시 소환된 걸까?

다른 방법을 생각해야만 한다. 설상가상으로 처음엔 한쪽만 부풀었던 쁘니의 귀는 양쪽 귀가 다 부풀어 동그랗게 되었다가 시간이 더 지나면서 섬유화가 진행되는 건지 스코티쉬 폴드 귀 모양으로 점점 접혀갔다.

‘어차피 입양되지 않을 터인데, 우리 집에도 데려갈 수 없는데, 게다가 잡을 수조차 없잖아. 그냥 두어야 하나. 이개혈종은 죽을 병은 아니잖아.’

나는 점점 자포자기하는 심정이 되어갔다. 쁘니는 어떤 날은 왠지 힘이 없어 보이기도 했고 또 어떤 날은 아무렇지 않아 보이기도 했다.

3주가 다 되어갈 무렵, 인터넷에서 드디어 방법을 찾아냈다. 포획 틀로만 사료를 주면 어쩔 수 없이 밥을 먹으려고 들어가기 때문에 열흘 넘게 시간이 걸리지만 포획이 가능하다는 글이었다. 그래! 이 방법을 써보아야겠다. 그날부터 급식 터를 치우고 포획 틀로만 사료를 주었다. 밥을 먹으러 오는 다른 고양이들도 불편함을 감수해야 했지만, 방법은 없으니까. 결국 10일 만에 쁘니가 잡혔다.

다음 날, 입양 안내문을 정원 잘 보이는 곳에 붙였다. 내부망 쪽지를 보낼까도 고민했지만, 지난 몇 번의 입양 쪽지에도 전혀 답이 없었기에 이제 더 이상 보낼 수가 없다. 대신 쁘니에게 관심이 있던 산책하는 사람들과 직원들, 인근 주민들이 볼 수 있도록 정원 한가운데 입양 안내문을 코팅해서 붙였다. 만약 쁘니에게 조금이라도 관심이 있던 사람이라면 볼 수밖에 없을 터였다. 쁘니는 인기냥이었으니까, 연락이 올 수도 있지 않을까?

수술은 잘되었고 귀도 아주 좋아졌다고 병원에서 문자가 왔다. 하지만 자유롭게 지내다가 갑자기 갇힌 것이기 때문에 스트레스가 엄청날 거다. 쁘니는 병원이라는 것도 모를 테니까. 어디 실험실에라도 끌려온 줄 알까?

며칠 후 동물병원에 면회하러 갔다. 2층 입원실에 가니 50센티 정도의 고양이 입원실에 쁘니가 보였다. 쁘니는 날 알아보더니 하악했다. 누가 인간만이 표정이 있다고 했나? 쁘니는 아주 심하게 화가 난 것 같아 보였다.

'이런, 미안하지만 치료해야 해서 널 잡은 거야.'

나는 말해주고 싶었지만, 의사소통이 될 리 없었고, 쁘니는 너무나 억울하다는 듯이 나를 바라볼 뿐이었다.

장마라서 가끔 비가 내렸다. 입원 기간 열흘이 지나 쁘니의 퇴원 날은 다가왔지만, 입양 문의는 단 한 건도 없었다.

'쁘니의 묘생이 행복했으면 좋겠습니다!'라는 제목으로 시작하는 입양 게시글은 빗물에 하루하루 젖어만 갔다. 선명했던 글씨들이 점점 눈물처럼 흘러내렸다.

퇴원 날, 10일 치 입원비와 수술비를 할부로 결제하고 쁘니를 데려왔다. 시청 정원에 놓아주었다. 쁘니는 처음엔 총알처럼 달려 나가더니 정원인 것을 알아채고 이내 속도를 늦췄다. 수풀 속에서 냄새를 맡으며 돌아다녔다. 나는 붙어 있던 입양 안내문을 다시 한번 바라보다 힘없이 떼었다.

저녁에 대학원 수업이었다. 동기 중에 동물보호단체에서 근무하는 사람이 있다. 구조한 고양이들의 쉼터였다. 안부를 묻는 나의 말에 그녀는 한숨을 쉬며 말했다.

"저번 주에 불법 번식장에서 구조한 고양이가 60마리가 들어왔어요. 다 품종 고양이인데 종류도 다양해요. 그런데 벌써 반 정도가 입양이 확정됐어요. 사람들, 품종이란 말에 보지도 않고 줄

셨어요. 거의 한 달 되면 다 입양될 것 같아요. 이걸 좋아해야 하는지, 씁쓸해요. 지금 센터에는 16년 된 고양이들도 다 있는데."

"아니 코숏들이 훨씬 이쁘고 건강한데요? 세상에."

나도 착잡해졌다. 품종 고양이들은 유전병에도 취약하고, 건강하지 못한 경우가 많다. 스코티쉬 폴드는 뼈와 근육이 취약하고, 스핑크스는 털이 없어 체온조절에 취약, 먼치킨은 다리가 짧아 생활이 힘들고, 터키시앙고라도 유전병에 취약, 페르시안, 노르웨이 숲은 장모종이라 털 관리 필수 등 돌봄도 힘들지만 모두 유전병이 있을 수 있다(근친교배이기 때문에 열성 유전자가 발현되는 경우가 있다).

품종 개발할 때 건강은 필수 고려 사항이 아니다. 상품이기 때문에 외모가 더 중요하다. 잠깐의 관심 이후 버려지는 경우도 많다. 품종 고양이들도 고통받고 있다.

다음 날 출근해서 정원을 돌아보는 중이었다. 쁘니는 날 보고도 본체만체했다. 병원에서 돌아온 후 전과는 달리 날 피하고 있다. 날 사기꾼, 납치범으로 생각하는 걸까?

"스코티쉬 폴드랑 잡종인가? 완전 귀엽다!"

쁘니를 보고 지나가던 커플이 말했다. 쁘니의 귀는 수술하고 완치를 했어도 약간 접혀 있다. 커플은 쁘니의 머리를 만지고 쓰다듬었다. 나는 조심스럽게 다가갔다.

"혹시 입양 관심 있으세요?"

"아뇨. 저희 그냥 노는 거예요. 제가 알레르기가 심해서 집에서 못 키우거든요."

쁘니는 커플에게 거의 안기다시피 몸을 맡긴다. 나는 뜬금없이

'고양이는 장난감이 아냐'라고 외치고 싶다. 그러나 한숨만 쉬며 하늘을 바라본다. 비가 올 것 같다.

오직 1퍼센트의 희망일지라도

쁘니가 사라졌다. 병원에서 퇴원해 방사한 지 정확히 열흘째, 지지난주 금요일부터 흔적도 없다.

열흘 전 그땐 몰랐던 마지막 날 아침, 쁘니가 급식 터에 왔다.

"쁘니 귀 그래도 이제 많이 나았구나."

캔을 먹고 나서도 가지 않고, 쁘니는 한참 나를 바라보았다. 원래 쁘니는 아침엔 잘 나타나지 않다가 오후 4시가 넘어야 정원에 나타났었는데 오늘은 아침부터 웬일이지?

나도 유심히 쁘니를 보았다. 퇴원한 지 일주일이 넘어가자, 왼쪽 귀는 조금 펴진 것 같다. 오른쪽 귀는 아직도 스코티쉬 폴드처럼 접혀 있다. 수술 후 쁘니의 귀는 정상적일 때보다 조금 작아져 있다. 직원들은 오히려 귀가 작아져 접힌 쁘니가 더 귀엽다고 했다. 하지만 나는 쁘니가 안쓰러웠다. 이렇게 예쁘고 개냥이인데도 입양 가지 못하다니. 우린 잠시 말없이 서로를 바라보았다.

그날로부터 열흘이 지났다. 주차장에는 가로수 화단에 물을 주는 커다란 8톤 트럭 두 대가 나란히 주차되어 있다. 급식 터에서 가장 가깝기도 했고 사람들이 지나가는 것을 바라볼 수 있는 통로라서 쁘니와 루키는 그쪽에서 자주 놀곤 했다. 루나의 절친이었던 루키는 4살이나 어린 쁘니와 같이, 퇴근 시간만 되면 그 큰 트럭 밑이나 후문 앞에 나란히 앉아 있었다.

루키는 매일 왔다. 하지만 혼자였다. 혹시 날씨가 너무 더워서 안 나오는 게 아닐까 싶어서 밤에도 나가보고 아침에도 나가보았다. 쁘니와 루키가 함께 있던 자리에 루키만 항상 자리를 지켰다.

"루키야? 쁘니 어디 갔어?"

루키는 야옹야옹 말했지만, 쁘니의 행방을 알 수는 없었다.

생각해 보니 좀 이상한 일이 있긴 했다. 쁘니가 사라지기 1주일 전쯤부터 어떤 할머니가 강아지를 산책시키는 것을 보았다. 보더콜리 같았는데 아직은 애기라서 4킬로 정도 되어 보였다, 하지만 보더콜리는 원래 목장 견으로 20킬로 넘게 자라는 대형견이다. 정원에는 60센티 높이의 턱이 있었는데 그 위 풀숲 속에 쁘니가 자주 앉아 있었다. 할머니는 강아지의 목줄을 풀더니 턱 위에 올려놓았다. 강아지는 쁘니를 쫓았다. 혼비백산한 쁘니는 거의 도로까지 쫓겨 8차선에 난입할 뻔했다. 가까스로 한 바퀴 돌아 정원으로 돌아왔다. 그러자 할머니는 강아지에게 쁘니 있는 곳을 가리키며 휘파람 소리를 냈다. 강아지에게 다시 쫓으라고 하는 것이다. 나는 더는 참을 수가 없었다.

"선생님, 목줄을 풀어놓으시면 안 됩니다. 동물보호 하셔야죠, 고양이를 쫓으면 안 되는 거 모르세요? 위험하지 않습니까?"

"애기인데 무슨 위협이 돼요? 뛰어다니는 게 너무 귀여워서, 강아지가 그냥 장난치는 건데 뭘 그래요? 그리고 길고양이인데 당신이 무슨 상관이야?"

할머니는 한마디 들은 게 너무 기분 나쁜지 강아지를 안더니 자리를 떴다. 쁘니는 어디까지 도망갔는지 보이지 않았다.

평생 강아지일 수 없지 않은가.

종종 길고양이를 물어 죽이는 개들이 신문에 났다. 그런 일이 일어나도 쳐다보기만 하던 견주들…. 자기 강아지만 생명이란 말인가?

이틀 후 그 할머니를 또 보았다. 이번에도 쁘니를 발견한 후, 목줄을 풀었다.

"선생님, 공원에서 목줄 푸는 것은 과태료 대상입니다!"

역시 돈이 무서웠다. 화가 난 목소리로 알았다고 크게 말하더니 그대로 사라졌다. 하지만 또 올 것 같다. 쁘니가 이렇게 쫓긴 게, 한두 번이 아닐지도 모른다.

그때쯤부터 쁘니가 정원에서 잠을 자지 않았던 것 같다. 전에는 항상 철쭉나무 밑 그늘, 아니면 풀숲에서 낮잠을 잤었다. 그냥 지나치면 모르지만, 나처럼 자세히 보는 사람에게는 쁘니의 털이, 흔들리는 풀잎 사이사이로 조금씩 하얗게 비치곤 했다. 쁘니가 자고 있으면 나는 발소리를 내지 않고 멀리서 지켜보았다. 내가 줄 수 있는 것은 간식뿐이었으므로 급식 터에서 밥을 충분히 먹었을 쁘니를 깨우기보다, 산들바람에 더 자기를 나는 원했다.

쁘니가 나타난, 지난 1년 동안 이틀 이상 안 보인 적은 없었다. 거의 매일 출석하는 이런 고양이들이 1주일 이상 보이지 않는다는 것은 이제 더는 볼 수 없음을 의미한다. 그동안의 경험으로 나는 체득했다.

사라진 고양이들, 길고양이를 돌보기 시작한 지난 시간 동안, 고양이들은 많이도 사라졌다. 대부분은 차 사고다. 아마도 사라진 전체 숫자 중 70퍼센트 이상일 것 같다. 길고양이들은 집이 없어, 길에 살기 때문에 겨울엔 춥고 여름엔 덥다. 차 밑은 따스하기도 하고 햇볕을 피할 수도 있고 게다가 비도 피할 수 있는 공간이다.

공원에 있던 하치, 까치, 테리, 핫세는 차에 치여 사체로 발견됐다. 모두 1살이 채 안 되었을 때였다. 실종된 또치, 올리, 레나, 밀키, 샐리, 해리도 아마 차 사고일 것이다. 건강했었으니까. 나머지는 아파서 사라진 아이들이다. 구내염에 걸렸던 블리, 루비는 공원의 길고양이 집 옆에서 자는 것처럼 죽은 채로 발견됐다. 심한 구내염에 걸린 채 공원에 이사 왔던 건이는 15일간 입원해서 전 발치 치료까지 했는데도 퇴원 후 3개월째에 사라졌다.

쁘니를 우리 집에서 재웠던 밤이 기억났다. 드롭 트랩으로도 잡을 수가 없어 포획 틀로 열흘 동안 사료를 주어, 겨우 잡았던 그날, 너무 시간이 늦어 동물병원이 문을 닫았다. 어쩔 수 없이 우리 집에서 재우고 다음 날 병원에 입원했다.

낯선 곳에 잡혀 와서 바들바들 떨던 쁘니의 모습, 아무리 힘들어도, 아무리 우리 집이 난리가 나더라도 내가 입양했어야만 했는데. 후회로 내 마음에 온종일 비가 내렸다. 일이 손에 잡힐 리 없었다.

"쁘니가 사라졌어. 죽은 것 같아."

퇴근해서 하늘이에게 말했다. 잠시 생각한 하늘이는 나를 보았다.

"어떡해. 그래도…. 하지만 엄마. 어쩌면 루나처럼 이사 갔을지 모르잖아."

"갑자기 그럴 리가? 그렇지만 루나도 어느 날 하루아침에 이사 왔지. 귀도 잘린 채로."

"어디선가, 잘 돌보던 누군가는 루나 죽었다고 생각할 거야."

그렇다. 왜 왔는지는 몰라도 이사 온 그날 아침, 나를 만났고 삼 개월 후 루나는 우리 집으로 입양됐다. 그리고 지금은 여섯 마리의 고양이 중 서열 1위, 여행 고양이가 되었다. 안방 문 사이로, 침대 한가운데 앞발을 베고 잠들어 있는 루나가 보인다.

쁘니도 어쩌면 그 산책하는 보더콜리 때문에 위험해서, 좋은 곳으로 이사 갔을까? 아니면 병원에 또 잡혀가게 될까 봐 나 때문에, 나를 경계해서 이사 갔을까? 입양해 줄 좋은 사람을 만난 것일까?

열흘 전, 그날, 설마 나에게 작별 인사를 하러 왔던 것일까? 그래서 그렇게 나를 한참 동안 바라보았었나?

우리에게 희망은 있는 것일까?

뻐니 나타난 지 2개월 후 ▶

간식 먹는 모습 ▶

◀ 커가는 쁘니(중성화 후)

▲ 사람을 좋아한 쁘니

[에필로그]

고양이 별에서 만난다면 나의 집사가 되어주겠니

길고양이들. 지구에서 태어나서 너무 힘들지?
고군분투하고 있는 너에게 조금이라도 힘이 될 수
있다면 좋겠어.
나, 너의 집사가 될게.
세상이 이 우주 하나밖에 없을 수도 있지만
많은 과학자들은 평행우주가 있다고도 해.
만약 내가 지구가 아닌 **고양이 별에서 태어나서**
널 만난다면 지금처럼 나를 알아봐 주겠니?
고양이 별에서 만난다면 나의 집사가 되어주겠니?

먼저 인류를 대표해서(나에게 그런 자격은 전혀 없겠습니다만) 고양이님들에게 진심으로 사과하겠습니다.

세상의 모든 집고양이와 길고양이, 들고양이까지도 모두 펠릭스 카투스(Felis catus)라는 한 종이라고 하죠. 펠릭스 카투스는 기원전 7,500년부터 가축화되어 집고양이가 되었다고 합니다. 길고양이도 원래는 집에서 인간과 함께 살다가 언젠가부터(조상이든, 현생이든) 버려져 살아가게 된 것이죠.

솔직히 인류가 동물에게 저지른 죄악은 너무 커서 아무리 제가 노력해도 힘들겠죠. 그렇지만, 그래도 노력하겠습니다. 돌을 뚫는 한 방울, 한 방울의 이슬을 우리는 모으고자 합니다.

카레, 젤리, 레미, 수수, 루키, 아치, 피치, 레나, 건이, 레몬, 리코, 리치, 땅콩, 타잔, 예치, 샐리, 칼리, 보리, 밀키, 나나, 해리, 코미, 밤이, 랑이, 까치, 테리, 엄지, 하치, 강치, 루비, 블리, 딸기, 노랑이, 대장, 하트, 애니, 올리, 비아, 핫세, 쁘니, 레아, 루미, 아미, 레이, 레인, 래빗….

공원에서 살고 있고 공원을 거쳐간 고양이들의 모습이 떠오릅니다. 힘들기도 했고 슬프기도 했고 기쁘기도 했습니다. 이 모든 이야기는 현재 진행형입니다.

[부록]

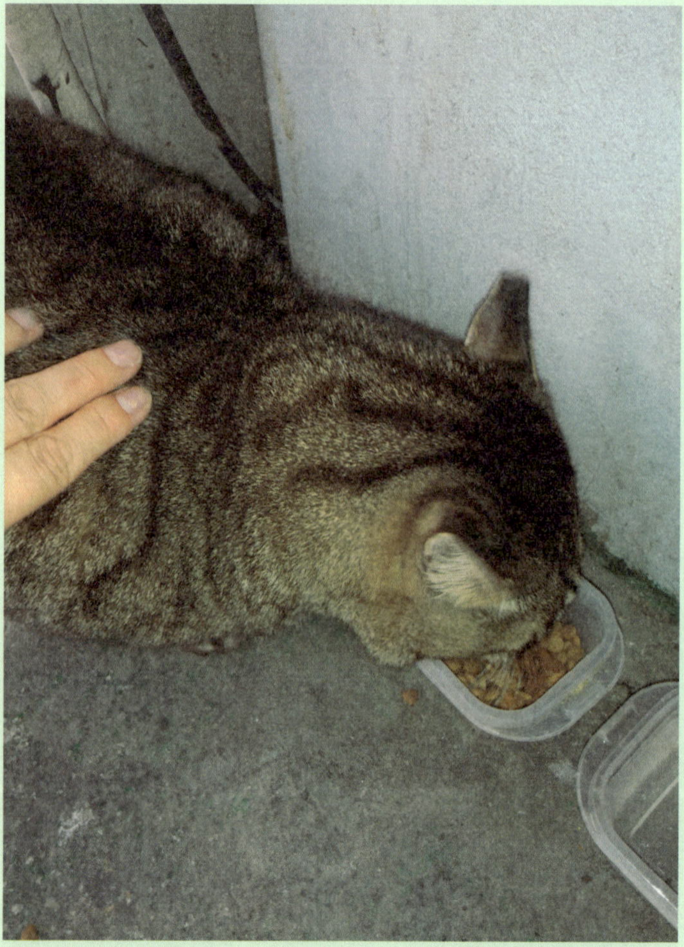

길에서 살고 있는 고양이를 만난다면

- 고양이는 영역 동물이라서 아마도 그곳에 터를 잡은 고양이일 것입니다. 근처에 급식 터가 있을 거예요. 개냥이로 만드는 것은 위험합니다. 길은 개냥이에게 더욱 위험한 곳이니까요.

- 펫숍에서 생명을 사지는 마세요. 그들은 대체로 공장에서 왔거나 야생에서 불법으로 포획된 개체일 수 있습니다. 길이나 동물보호단체에서 입양하세요.